Don't Sweat the Small Stuff for Teens

読むだけで

運がよくなる77の方法

リチャード・カールソン　訳＝浅見帆帆子

三笠書房

どんな〝いいこと〟起こそうか？

＊訳者のことば

〝こうだといいな〟を現実に変えてしまう本

浅見　帆帆子

誰でも運のいい人になれる

「運がいい人の考え方」をすれば「運がいい人になれる」

ほんとうのことです。

あなたの人生はあなた次第で思い通りに変えることができます。

「考えること」が「現実」をつくる
↓
「運がいい人の考え方」を知れば、「運がいい人」になれる

この考え方をベースに、アメリカのベストセラー・心理学者、リチャード・カールソンは、「運がよくなる77の考え方」を本書にたっぷり詰め込んでいます。

私自身、人間の「運」というものや、運に影響のある「人の意識」などについて執筆してきましたが、「自分の心の持ち方」を変えるだけで自然と運がよくなってくことの効果を驚くほど〝実感〟しています。

本書で紹介されている「運がよくなる77の方法」すべてを取り入れる必要はなく、あなたが「これ、面白そう」と思ったこと、一つだけで効果があります。

運のいい人たちのすごいところは、このような方法を知ったときに、「まずためし

にやってみる」ということ。「あ、面白い」「へえ、ほんとかな」と感じたことを、素直に実践してみるのです。

そう、よく思うのですが、**多くの賢人が同じような「成功のコツ」をいっているということは、そこにためしてみる価値が充分にあると思いませんか?**

ためしにやってみるか、いろいろと難癖をつけて結局やらないか、これが運のいい人と悪い人の分かれ道だと私は思います。

――この本は〝こんなことできたらいいな〟を叶えるための本です。

もくじ

Change Your Life, Be Happy!

1章 効果は「すぐに」現われる！〝幸運体質〟は自分でつくれる！

Change Your Life,
Be Happy!

2章
どんどんハッピー　ラッキー！
「運がいい人＆悪い人」の習慣

Change Your Life, Be Happy!

3章 言霊《ことだま》は〝底抜けのパワー〟を生む 「いいこと」を引き寄せる言葉を何個言える？

Change Your Life, Be Happy!

4章 この出会いから「幸運」がうまれる！ 「縁」を「運」に変えるには？

Change Your Life,
Be Happy!

5章 やがて「強運サイクル」がめぐりだす！ 一瞬で人気もチャンスも引き寄せる！

Change Your Life, Be Happy!

6章 今日から〝ツイてる人〟になろう これならできそう！ 開運アクション

本文イラスト　ももろ

Don't Sweat the Small Stuff for Teens

1 章

効果は「すぐに」現われる！

“幸運体質”は自分でつくれる！

Change Your Life, Be Happy!

1
「他の誰か」になろうとしていない？

〝「ありのままの自分」を愛する人に、幸運はやってくる〟

このことを、まずわかってもらいたい。

自分のことが魅力的だと思えないという人は多いけれど、それは、そう思うように、自分で自分を誘導しているからだ。あなたは「他の誰か」になろうとしていない？

あこがれの先輩？　ライバル？　有名人？

誰もあなたの呼吸を代われないように、あなたはあなた以外の人になれないのだ。

「あの人みたいにならなくちゃ」という考えは完全にばかげている。話し方や服装のセンス、仕事のスタイル……あなたには独自の感性、魅力、輝きがある。

くり返すが、自分を嫌いな人に、ハッピーは絶対やってこない。

前向きなプラスのパワーを集める人にだけ、ハッピーとラッキーは舞いおりる。

自分自身を好きになるために、何かを変える必要などない。

まず、「自分」というすばらしい存在価値を自分自身で認めよう。

自己評価の低い人には、よい運はやってこない。

自分自身を高く信頼している人にのみ、大強運はやってくる。

Change Your Life, Be Happy!

2 あきらめたら、後悔するよ

引退しようとしているある高齢の大工の話を紹介しよう。この話が私は好きだ。とても大切なことを語っているからだ。

◆　◆　◆

その大工は、もうそろそろ家を建てる仕事をやめて、妻と一緒にのんびり暮らそうと思った。

雇い主は、個人的な願いとして「もう一軒だけ建ててくれないか」と頼んだ。大工は承諾したが、真剣に仕事をする気はなかった。

粗悪な材料を使い、手を抜いた。キャリアを積んだ優秀な職人の幕引きにしては、残念な仕事だった。

家は完成した。点検にやってきた雇い主は、玄関のカギを大工に渡していった。

「この家はあなたの家です。私からのプレゼントです」

大工は大ショックを受けた。ひどく恥ずかしかった。

自分の家を建てているとわかっていたら……たぶんもっと頑張っただろう。

私たちもこの大工と同じだ。**毎日毎日、人生という家を建てている。だが、建てることに全力を尽くしていないことが多い。**

そしてずっと後になって、自分がつくりあげた人生(建てた家)に一生住みつづけなくてはならないことを知ってショックを受ける。

もう一度、やり直すことができたら、全くちがうことをするだろう。だが、そのときにはもう、後戻りはできないのだ。あなたに後悔してほしくない。

あなたも私も、大工のことを笑えない。私たちは人生という一生住みつづける家をつくっているが、果たして最善を尽くしているか——。

「ベストを尽くせ」という言葉は耳にタコができるほど聞かされた言葉かもしれない。それから「あと、ひと頑張りだ」という言葉も。

でも、もう一度言おう。**いま、取り組んでいることに全力を尽くすと、思いがけないところから幸運がもたらされる**ことが多い。

もうダメだとか、おしまいだとか思っても、もうひと頑張りすることが、何より大切である。それをどうか忘れないでほしい。


あと、ひと頑張りだ！

もう一歩だ！

Change Your Life, Be Happy!

3 「上を向く」から幸運をキャッチできる！

「後ろ向き」な考え方をすることは、不幸になる練習をしているようなものだ。

私は否定的《ネガティブ》な考えを全く持つな、というつもりはない。けれども、**自分の考えの中身が未来をつくり出している**ことを自覚すれば、つい後ろ向きな考えにおちいってしまうとき、少なくとも自分にこういい聞かせることはできる。

「ああ、わざわざ悲劇のリハーサルをすることはない」――と。

いい聞かせれば、不幸になる練習はそこでおしまいになる。

どんなことも練習するとうまくなるものだが、私の不幸になる練習はすぐに中断されてしまうので、なかなかうまくならない。おかげで私は不幸になれないでいる。

あなたも仲間にならないか？

Change Your Life, Be Happy!

4 “絶対に可能”だと信じる

パンッ

いま、私はあなたの前で手を叩いた。

目が覚めたか？

もし、あなたがいま運があまりよくないと思っているのだったら、それはただの悪い夢である。思い切ってそう言い切ってしまって構わない。あなたはまるで催眠術にかかったかのように、自分は運が悪いと思いこんでいる。

だから私はあなたに、流れを変えるパワーをあげたい。

手を叩く音が聞こえるか？

パンッ

この音で目を覚まそう。**流れを「いま」「ここ」で変えよう。**

手をパンッと叩こう。こんなシンプルな方法でほんとうに悪運を追い払い、幸運を引き寄せることができる。催眠術にかかった人の目を覚ますときと同じようにスポーツの世界でも、「手を叩く」ことで意識を切り替えるという方法は、よく実践されている。

一流のフィギュアスケートの選手でも、リハーサルで思い通りの演技ができないときは、コーチが選手の目の前でパンッと手を叩くことがある。テニスでも野球でもビジネス社会でも同様だ。

〝流れを変えるスイッチをON〟にすれば、不思議なくらい「いいこと」ばかりが引き寄せられる。

でも実は、手を叩く以外の方法でも何でもいい。

何か「トリガー（引き金）」となることだったら、何でも構わない。「十分寝る」でも「深い呼吸を十回する」でもいい。あなたがスッキリすることをしよう。

運がいい人は〝五感〟をフルに活用しチャンスをつかんでいる。

Change Your Life, Be Happy!

5

大強運者の「変人」と付き合う

仕事で成功している人や人生を楽しんで生きている人たちは、よい人脈を持っていることが多い。よい人脈がチャンスをもたらし、好ましい人間関係を維持させるのだ。

では、よい人脈をどうやってつくっていくか。

一つの戦略として、**みんなと何となくちがう人、みんなが尻込みしたり、敬遠しがちな人に注目しアプローチしてみる**という方法がある。

いままでのあなたは、付き合いやすい人とばかり付き合ってきたかもしれない。それは悪いことではないが、より強運を手にするには、いままでの流れを変える“覚悟〟が必要だ。

ちょっと変わった人、友だちがあまりいそうにない人、周囲から見捨てられたような人間と親しくなるのは、実際には、むずかしいことかもしれない。自分も変人扱いされたり、咎《とが》められたりするかもしれない。

表面的にはリスクが大きいように思えて当然だ。

だが、リスクよりも恩恵のほうがはるかに大きいことを、私はあなたに覚えていてほしいと思う。


変わった人はあなたに〝高揚感〟と〝ひらめき〟を与える。

ただし変人にもいろいろいる。とりたてて〝ひらめき〟を与えてくれない変人とは、付き合わないほうがいい。「面白い!」と、あなたが直観でワクワクした変人に注目しよう。


誰も近づかないような変人が、大成功を収めたという例は決して少なくない。

独自のアイデアで自分の道を邁進《まいしん》する変人には「強運」がついているからだ。変人には学ぶべきことがたくさんある。

誰もが付き合いたがる人たちと付き合うのはたやすい。ふつうの人間関係を築くことは誰でもできる。しかし、そういう人と付き合っている間は、いまの自分の運気を急速に好転させることはできない。

思いこみや先入観にとらわれることなく、個性豊かな人々とわけへだてなく付き合うことが、あなたの人間性や知性を磨くことにもつながる。

変人はとびっきり上等な「宝石」みたいなものだ。

天然石は古代から特異なパワーをもつと信じられている。

身の回りにあるモノのエネルギー(波動)は必ずあなたに影響を与えるのだ。

付き合っている友だちを見ればその人間がわかると言われているように、その人間によく似たレベルの人が集まるものだ。

同じような興味、関心があるから近づくだけでなく、だんだんと似てきてしまう。

だから、もっと運がよくなりたいと思ったら、まず「自分とは違う能力のある人」「運がいいと思う人」を観察してみよう。

どんなことに好奇心を持ち、どんな働き方、生き方をしているのか――。

尊敬できることがあったら、**〝一つでも〟マネしてみる**ことをおすすめする。

その効果は〝すぐに〟実感できるだろう。

Change Your Life Be Happy!

6 “はっ”ときたら“パッ”と動く

わずか千分の一秒……。こんな、わずかな時間におとずれる**「直観」が、あなたの人生に決定的な変化をもたらす**かもしれない。

たとえば、いままさに何かを決めようとしているとき、最後の一瞬で、それまで考えてきたことと逆の決断を下してしまったことはないだろうか。

もしあるのなら、あなたは「直観」を経験したことになる。それはとても貴重な経験といってよい。私たちは自分の気持ちについて、すべてわかっていると思いがちであるが、実は自分自身のことでも七割くらいは、「わかっていない」と思っていい。

だから時々、偶然降りてくる「自分の内側の声」は、神様からの贈り物と考えて大事にしたほうがいい。ほんとうのことだ。

口では「イエス」と答えていても、心の奥底に何かひっかかることがある。

ほんの一瞬の間に、別の選択肢があったことに気づかされる、何かが見通せる、あるいは心が変わることがある。

たとえば、だれかに批判されて、いい返そうとした瞬間、他に選べる道があったことに気づく。

それは直観（第六感ともいわれる）のなせるワザだ。この直観を活《い》かすには、いままでとちがうことをやる必要はない。インスピレーションを信じるだけでよい。

「いいこと」を次々と起こしたかったら、自分自身の「内側の声」を聞くべきだ。

自分を信頼できれば、自分の素直な気持ちにも耳を傾けられるはずだ。**一番いいたいことは「自分は最も信頼すべき存在だ」ということである。**

最初、これを人から教えられたとき、すぐには信じられなかった。

でも、多くの直観が、私をここ一番のときに、よりよい選択肢へと導いてくれた。

いまではその神秘的な力《パワー》を信頼している。

Change Your Life, Be Happy!

7 夢があるから、ツキが寄ってくる

あらゆる国の、あらゆる人に、平等に配分されているものは何だろうか？

〝時間〟である。お金、地位、身分、血縁関係、国籍、性別に関係なく「一日二十四時間」均等に与えられている。時間こそが最大の「資産」であり、あなた自身だ。

ムダに時間を使うことは、指と指の間からチャンスとお金をワザと落としているようなもの。全くもったいない。**時間は無限大の「お金」「人脈」「チャンス」「幸せ」と交換可能**である。

あなたはこの**時間という資産を「何グラムの、何」と交換する？**

それがあなたの人生のゴール地点だ。わかっている人だけに幸運はやってくる。

Change Your Life,
Be Happy!

8 まず「一番やりたいこと」をやる

〝「幸運」を愛する人にのみ、幸運の女神は微笑む〟

運がいい人に変わる方法はシンプルだ。

「運がよくなりたい！」と強く思うこと。

そして、運がよくなるクセを身につけることだ。

もし、「苦しいこと」や「悲しいこと」がたびたび起こるというのなら、それは、運が悪い人の習慣、心のクセのようなものがついてしまっているからなのだ。

寝ているときに顔についてしまった、ベッドのシーツのしわのあとは、すぐにはとれない。でも、いつかは絶対にとれる。

それと同じように、ついてしまった心のクセも、必ずいつかはとれる。

ただし顔の皮膚は弾力性があるから、あなたが何もしなくても自然に戻るが、「不運を呼びこむ心のクセ」は放っておいたら自然には治らない。

でも、治す方法はある。簡単で確実な方法だ。

まずは、ちょっとやそっとのトラブルに負けない心の弾力性を身につけることである。弾力がある健康的な肌のように。

そしてパワーを集中させること。常に何に対しても熱く燃えていたら、ガソリンがたりなくなってしまう。だから「運がいい人」は賢くエネルギーを使い分ける。

絶対に「これをやり遂げたい」と思ったら、そこにエネルギーを絞っている。いまは仕事をバリバリやる時間、いまは休息をとる時間と……などとを見極めて、エネルギーを使っている。

あなたがいま、**一番「やりたいこと」は何だろうか。**

それだけに**一点集中、〝猪突猛進〟してみよう。**

ラッキーは必ずあなたに訪れる。

Change Your Life,
Be Happy!

9 「うまくいかない日」があったほうがいい

幸運というのは、突然降って湧いてくるものではない。

幸運も自然の一部なので〝流れ〟の中で発生する。

私は心理学者なので、魔法のように、幸運を出現させることはできないが、ここぞというときに、絶対にチャンスをつかむことができる「気持ちのありかた」はわかる。

ひと言でいうならば、**南極にバナナの木を生やそうとするな、ということだ。**

無理をしてはいけない。

何をやってもうまくいかないときは、そういう運気の流れのときなのだ。

季節だったら冬の時期である。雪が降り積もる中、春を待ち望む時期なのだ。

焦っても、春を呼び寄せることは誰にもできない。

そういう冬の時期は運の充電期間だと思って、新しい知識を蓄えたり、健康状態を整えたりしておこう。いわば自分とじっくり向き合うチャンスの時間なのだ。

いったん運が活気づいてきたら、仕事もプライベートも充実して会う人も増えたり忙しくなるので、なかなかそういう落ち着いた時間は持てないものだ。

だから最近ツイていないなと感じたら、これは自分と向き合ったほうがいいときなんだなと気持ちを切り換えよう。

ノートを引っ張り出して、夢や気持ちをつらつらと書き出してみよう。

Change Your Life, Be Happy!

10 「理屈」を捨てる

自分だけの特別な場所で〝特別な時間〟を持つことには、大きな意味がある。

一人になって、考えたり反省したりできる場所。瞑想したり、祈ったり、好きなことができる場所。頭を空っぽにして何もしないでも落ち着ける場所。

その場所で何をやるかということではなく、誰にもじゃまされず、そこにいるだけで幸せを感じられる――。そういう**「一人の時間」を充実させている人こそ、人生の幸福度が高いといえる。**

たった一人で誰にもじゃまされないで静かなひとときを過ごすという条件さえ満たせるのであれば、どんな所でもいい。

極端なことを言えば、部屋の片隅の暗がり、階段の下、クローゼットの中だっていい。子供時代にはそういう秘密の場所があった経験を持つ人は少なくないはず。

誰にもじゃまされないという条件で言えば、公園でも美術館の休憩室でもいい。どのくらいの頻度でどのくらいの時間いるべきかといったルールはない。そこがどんな様子かも問題ではない。

すべてはあなた次第。

ただ一つ大切なことは、そこが自分だけの特別な所で、一人になりたいときに行きたい場所であるということだ。

クヨクヨしているときに行くとリラックスできて元気が取り戻せる。悲しいときは気持ちがさっぱりして、いつもの自分に立ち戻れる場所である。

幸せな気分でその場所へ行くと、ますます幸せな気分になれる。

ここではどんな執着や理屈からも自由になれ、シンプルに考えられるようになる。

もし、そういう場所を持っていないなら、早速どこか探してみよう。もし見つかったら、そこを手放さないように。

さっき挙げた条件がそろっているなら、初めは少しくらい居心地が悪くてもがまんしよう。そうしていると、いつでも自分にとって最適な居場所が見つかるようになる。

これは不思議にそうなる。

望めば与えられるのだ。

Change Your Life,
Be Happy!

11

〝図々しい〟くらいがちょうどいい

人生はすべて「選択」でできている。

いまのあなたがどんな境遇におかれていても、そこまで歩いてきたのは自分の足であることに変わりはない。

あなたがいま恵まれた境遇にあっても、アンラッキーな状況にあっても、同じ理由によって、あなた自身の選択の結果だ。

誰でも、自分自身が決定し、選択することで、一つの方向へ進んだのだ。ちがう選択をしていたら、ちがう方向へ進んでいたにちがいない。

子供時代を思い出してみよう。学校でいじめられている子がいたとき、あなたはいじめる側だったか、かばってあげる側だったか。あなたはどちらでも選べたはずだ。

テスト前に勉強していて眠くなったとき、もうひと頑張りしたか、寝てしまったか。

これも自由に選べたはずだ。

そういう無限の選択を続けた結果として、いまのあなたがある。

これからも生きているうちはずっと、選択しなければならない。そして、どう選択するかで未来はちがってくる。

町の交差点でお年寄りの手を引いてあげるかあげないかというような小さな選択でも、もしかしたら大きな幸運への第一歩かもしれない。

あらゆることが分かれ道。そして選択するたびに、新しい希望と約束がもたらされるのだ。

一番大切なことは、小さな選択でも、大きな選択でも、自分がよいと思って決めた方向をめがけて進んでいくことだ。**天の一点を動かない北極星《ポラリス》を目印にするように。**

できたら、**少し高めの目標を持ったほうがいい。**

よい方向めがけて歩んでいこう。

Change Your Life, Be Happy!

12

「できること」しかやってこない

どんな困難にも負けない心は、どうやってつくればいいのか――。

私がこれまで出会ってきたすばらしい人たちの中には、深刻な苦しい病気を患っている人もいれば、貧しさを経験した人、幼い頃に肉親をなくした人もいた。

その人たちは人生の難題や苦境に負けることはなかった。被害者意識を持たず、泣き言やグチもいわなかった。「こんな状況は切り抜けられない」などともいわない。

一番大きな難題にぶつかっている人が、一番勇気ある態度を示している場合が多い。

問題は、苦境に対する態度にある。ふつうは、ものごとを「いい」か「悪い」かに分類し、悪いことは厄介だと感じる。

しかし、**逆境に強い人は、直面する難題の一つひとつに、隠れた贈り物を見つけようとする。トラブルを乗り越えるたびに大きく成長し、知恵や闘争心や忍耐力を身につける。**

ふつうの人と強運な人との一番の違いは何か。

強運な人は困難なこともチャンスととらえるが、ふつうの人は呪いと考えるのだ。

強運な人に、すぐなるのはむずかしいかもしれない。でも、どんなトラブルでも乗り越えたいと願い、努力することはできる。そういう人は、つらい体験や苦境から無限に学べる。

苦境や難題は誰にもやってくる。

すぐにへこたれるのではなく、可能性を追求する人間になっていってほしい。

Change Your Life, Be Happy!

13 〝星〟をつかむのは「与えられている幸せ」に気づく人

運がいい人は、やみくもに完璧を求めない。

完璧は「いいエネルギー」を遠ざけると知っているからだ。

完璧主義者は、常に「完璧でない、いま」に不満を感じてしまう。

不満でいっぱいな人には「悪いエネルギー」が生まれ「いいこと」は引き寄せられない。


よりよい人生を生きようと思ったら、**いま持っているもの、いまおかれている状態をいかに活かすか、という前向きな気持ちが何より必要だ。**

私の知り合いで、向上心が強い女性がいた。

志望の大学に入れなかった彼女は、入学した大学に満足が得られず、ずっと不満を抱えて四年間過ごした。

だが、彼女はその後、努力を重ねて立派なキャリアを築いた。結婚して、いい家庭も築いた。

このころから彼女は自分がハッピーだと思えるようになった。そして人生を振り返って、いやいや入学した大学の経験も、実は自分にとって「必要だった」と実感できるようになった。

「いまの自分も過去の自分も否定する」という人生を選択すると、ほぼ間違いなく欲求不満でいっぱいな人生になる。

自分の失敗や不足ばかり気にしていては、不幸のリハーサルをしているようなものだ。

自分に与えられた幸福を受けいれたとき、初めて人は自分の幸福に気づくのだ。

Change Your Life, Be Happy!

14 希望は〝あなたの中〟に既に光ってる

あなたはいま、幸運？　不運？

不運と答えた人はウソつきだ。実は、不運な人などいないからだ。


〝希望〟はあなたの中にある。

叶えたい夢があなたの中にあるように、その夢を現実に変える力もあなたの中に確実にある。それを揺り動かし、起こそう。

自分を信じよう。人を信じよう。世の中を信じよう。あなたの中の熱い〝希望〟が、あなた自身に愛されることを願っている。

まずはたった二つだけでいい。次の二つの〝開運アクション〟を実践してほしい！

運がいい人ほど〝もっと〟が多い

幸運は熱く、明るい場所を好む。ラッキーはいつも笑顔で楽しそうに毎日を過ごしている人を好む。最近、どうもツイていないな、と思う人はまず、「もっと○○だといいな」「もっと○○したいな」という言葉を口にしてみよう。自然と笑顔になってくる。

〝希望〟はあなたの中に絶対にある

もっと、もっと！　と考えると気持ちがウキウキ楽しくなる。前向きになる。自分の中にある〝希望〟が現実になることに自信を持とう。願いが叶った自分が映像として見えてくるまで、ありありとイメージする。この習慣を持つことが「運がいい人」になる第一歩である。

誰にでも最高の幸運はやってくる！

Change Your Life,
Be Happy!

15

運が10倍あがる条件①
「絶対にうまくいく」と信じる

自分の人生を「もっとよくしたい」と願っている人にとって、もっとも劇的に強運を引き寄せる武器は何か？

それは思考、すなわち**「前向き思考」**である。

「考え方がその人である」と言った賢人がいるが、ほんとうにその通りだ。

私たちは「いま私は考えている」などと、わざわざ意識することはないが、**私たちが〝考えたように〟人生は動いていく。**

「運を劇的によくする」には四つの条件があると私は思っている。

まず第一の条件は、この「何を考えるか」ということ。

一日二十四時間、腹の立つことやイライラすることばかり考えていたら、不愉快で暗い人生になってしまう。それでは毎日を楽しんだり、人に親切にすることは、むずかしいだろう。

この状態は〝美味しい幸運スープ〟のつくり方にたとえられる。あなたは野菜スープの材料として、新鮮な人参、セロリ、トマト、マッシュルーム、タマネギ、えんどう豆などを用意するだろう。

間違っても、腐った材料や味がマッチしない材料を加えることなど考えもしない。なぜなら、新鮮な材料、調和を生む材料でなければ、せっかくのスープの味が台無しになることを知っているからだ。

あなたが日々何を考えるかは、この材料選びと同じなのだ。**人生のスープに使える材料（考え）は、めざす味にマッチする新鮮な材料でなければならない。**不安や妬みや怒りや恐怖や緊張などは、幸運スープの材料にふさわしくない。

私はこの「運が10倍あがる条件」を、ある女性に教え、彼女はそれを実践した。のちに彼女はこう語った。

「考えていることが、そのまま現実になると思うと、本当に必要なときにしか、ネガティブなことは考えないようになりました」

彼女の人生は変わった。その変わりようは、彼女の表現を借りればこうなる。

「私の人生、最高！」

Change Your Life, Be Happy!

16

運が10倍あがる条件②「プラス・パワー上昇の波」に乗る

運が10倍よくなる条件の二つめは**「いつ考えるか」**ということ。

これは前の「何を」と同じくらい重要だ。

考えるにはおのずと時期がある。

どんなことも、ふさわしい気分のときに考えることが大切なのだ。

気分が安定しているときは、必要な見識もモノの見方も分別も、そして平静さもそろっているので、最もすばらしい「答え」にたどりつける。

だが、ひどく気分が落ち込んでいるときやイライラしているときは、バランスのとれた考え方ができない。何でも実際より悪く見え、後ろ向きで悲観的になる。

私たちは常に何かを考えなければならないが、その際、考えるに〝最適なタイミング〟を意識してほしい。

一日に朝、昼、夜があるように、自然界には「リズム」がある。

ものごとは、いろいろな理由でうまくいったり、いかなかったりする。

でも、**必ず〝上昇気流があがる〟ときがある。**「リズム」がある。

その**タイミングを逃さず、うまく乗っかり、天高くあがっていく**のだ。

高揚感でいっぱいになり、〝天井知らず〟の可能性に目覚めるのは、そういうときだ。

Change Your Life, Be Happy!

17 運が10倍あがる条件③ 〝集中〟と〝緩和〟をくり返す

強運を呼び寄せる三つめの条件は**「二つの思考法を使い分けること」**だ。

①過去の成功・失敗体験から冷静に**「論理的」**に推論をめぐらせて分析的に結論を導き出すような考え方。→**論理思考**

②頭をつかわない思考法。頭が空っぽなとき、そのことを考えようとしていないときにふと**「ひらめく」**考え方。→**やわらか思考**

たとえば、誰かの名前を懸命に思い出そうとするが思い出せない。いくら記憶をたどっても、論理的に考えても出てこない。

そこであきらめて別のことを始めると、突然予告もなしに、その人の名前がポンと頭に浮かんでくることがある。たいていのことは、論理思考ですむが、考えあぐねたときや、素敵なアイデアをひねりだしたいときは、やわらか思考のほうがよい。

もちろん、どちらがよくて、どちらが悪いということではない。どちらの思考法も、人生に重要な役割を果たす。

ただ、私の見たところ、ほとんどの人が論理思考に頼り過ぎているように思える。答えが見つからないと、人は一生懸命に考える。そして考え過ぎて、自分で自分を小さな檻《おり》に閉じこめてしまう。**何か問題を抱えているときは、腕まくりして一生懸命考えるよりもむしろ、一呼吸おいて別のことに注意を向けてみてほしい。**

ギリシャの大科学者アルキメデスが「浮力の原理」を発見したのは、研究時間ではない。入浴中だ。

偉大な発明、発見、人生の岐路での大英断が、しばしばひらめき、直観力によることが多いという事実を思い起こせば、この試みの意味が理解できるはずだ。

〝ひらめき〟〝創造性〟は天才のものだけではない。

問題に集中して考え過ぎているなど感じたら、そこから離れて心を〝緩《ゆる》め〟よう。

あたたかいミルクティーを飲む、熱いシャワーを浴びる、ちょっと散歩するなど、心が緩むことだったら、何でもいい。

心が緩めば幸運が入りこむスペースができる。

Change Your Life, Be Happy!

18 運が10倍あがる条件④ こんな「思いこみ」をゴミ箱に捨てる

さて、いよいよ「運が10倍あがる」ための四つめ、最後の条件である。

自分の人生を電車のレールのようなものだと思っている人は多い。

しかし、それはちょっとちがうのではないか。私は人生とは、海や空のようなものだと思っている。どこまでも果てしなく続く〝地平線〟のように、あなたの行く先には無限の選択肢がある。**進む方向が「いろいろあるのだ」と気づく**ことが、運を10倍あげる最後の方法だ。

人は簡単に「思いこみの罠《わな》」にはまる。

「あなたと一緒に暮らして、楽しい日なんか一日もなかったわ！」

別れ話をするとき、こんなふうにいう人がいる。その人は決してオーバーに表現しているのではなく、真実そう思っていっている。だが、それが一〇〇%ウソであることは誰にもすぐわかる。

このように、自分の思考は、意外にも自分のじゃまをするのだ。気分が滅入ったりしていると、事態を実際より悪く見せる。だからそういう恐れがあるときは、**「自分の気持ちが偏っていること」を自覚**しよう。

自分の考えはとても大切だが、単純な思いこみに過ぎないことがある。それに気がつかないと、自分の考えにだまされてしまう。いや、人は皆、この種の過ちをやすやすと犯す。だからときには「やわらかい頭」で自由な発想をする時間が必要になる。

あなたが「いいことが起きない」と嘆いているとしたら、それはただの「思いこみ」ではないか？

小さな幸せに気づいているか？

それはほんとうに悪いことか?
周りから見てどうか?
そう考えることに意味はあるか?

自分の思いこみにとらわれて「いいこと」から逃げだすのはやめよう。自分で自分を不幸にする「思いこみ」とは今日でサヨナラしよう。

2章

どんどんハッピー　ラッキー！

「運がいい人&悪い人」の習慣

Change Your Life, Be Happy!

19

幸運の女神に愛される人の共通点とは？

幸運の女神に愛されている人たちには、共通点が一つある。

それは、自分のやっていることに対する底抜けの情熱だ。

熱意なしに成功するのは、どんなに頭がよくても、才能に恵まれていても、ほとんど不可能だ。

逆に、**充分な熱意があれば、才能の不足などたいしたことではない。**

熱意とは何か。

熱意は〝願いを叶える〟エネルギーの源になるものだ。

エネルギーなしにはどんな生命も一瞬たりとも生きていけないように、熱意のエネルギーなしに、人は成功したり夢を成就したりすることはできない。

熱意は、やる気を起こし、逆境にめげない〝強さ〟をくれる。

たとえば、いまあなたが憧れている成功者のことを考えてみよう。

スポーツ界のスター選手、政治家やミュージシャン、先生、親、ビジネス・リーダー、作家……みんな熱意で、その世界のライバルに打ち勝ってきた人ばかりのはずだ。

私は自分のアシスタントを採用するとき、一番重視するのは熱意だ。どれだけ熱意を持って仕事に取り組んでくれるか。それだけを見る。

基礎学力や経験や知性も無視はしないが、熱意が感じられない人は、他がどんな好条件でも不採用にする。

不機嫌な顔の人、前向きパワーの感じられない人、何事にも無関心な人、冷淡に感じられる人、声の小さい人、皮肉屋の人、明るく笑えない人からは、〝熱意〟をあまり感じとれない。

熱意の感じられない人とは、恋愛も仕事もしようという気にならない。

Change Your Life, Be Happy!

20

夢物語の主人公は「あなた」である

私たちはみな、生来の脚本家で、自分の人生に関して自分でドラマティックなシナリオを書いている。自分を中心にさまざまな登場人物を取りそろえて、ときに複雑な人間関係を描くシナリオができあがる。

たとえば、誰かが不用意なことをいったとする。その言葉をきっかけに、あれこれ考えをめぐらせる。わずかな事実を素材に、たくましい想像力と創造力を使って、物語を発展させていく。

人によっては、自分が主人公の不幸な物語を紡ぎ出すのが好きな人もいる。そして、その不幸なシナリオを現実に実行してしまう。

こうならないといいな、と想像するだけで、不幸は吸い寄せられる。
さあ、不幸なシナリオはすべて、ゴミ箱に捨てよう。

〝できないこと〟より〝できること〟に注目したドラマをつくろう。
そのとき、夢を叶える物語の主人公は〝あなた〟になる。

Change Your Life, Be Happy!

21

「夢が叶う日」を決める

本気で〝願い〟を実現したいなら、まず「夢が叶う日」を決めてしまおう。

そしてその日から逆算して、
夢を叶えるために「今年やるべきこと」「今月やるべきこと」「今日やるべきこと」「午前中やるべきこと」「この一時間にやるべきこと」を書き出していく。

とにかく未来日記をつけてしまうのだ。
この日にこの夢が叶う、と書いてしまったからには、もうあなたは逃げ出せない。

やっぱり面倒だから、つらいから、やめたとはいえなくなる。
だって、もう未来が決まってしまっているのだから。

ある工場で毎月、一カ月ごとの目標を掲げていたのだが、どうも生産性があがらなかった。でもその一カ月の目標を一週間の目標、一日の目標、一時間の目標と細分化していったら、生産性が二〇〇％あがったという。

人は期限つきの目標があって初めて、夢を叶えようという、焦りがでてくる。

頑張る力とやり遂げようという勇気が湧き出てくるのだ。

「運がいい人」になるには、特別な能力は必要ない。こうした驚くほど簡単で、小さな習慣を実践する*だけ*でいい。

あなたは一つ実行するごとに「強運な自分」に変わっていく自分を実感する――！

Change Your Life, Be Happy!

22 願いは、口に出すと叶う

「もっと、いいことが起こるといいな」とあなたは、思っていると思う。

正直なところ、誰でもそうだ。

仕事も恋愛も人間関係も〝これからもっと〟うまくいくといいなと願っている。

でも、思うだけではパワーは弱い。

言葉にする――「書き出す」「口に出す」ことによって、初めて言葉は現実になる力を持つのだ。

修行僧がマントラ（仏教用語で神秘的な力を持ついわば呪文のこと。たとえば「南無阿弥陀仏」や「南無妙法蓮華経」）**を唱えるように、言葉は世の中に出されることによって、現実に向かって動き出す。**

言葉とは、ただの「モノ」ではない。

言葉というのは生命である。無限のパワーが内在しているのだ。

最もパワーのある言葉は何か。それはあなたの〝願い〟である。

〝願い〟を口に出した途端、紙に書き出した途端に、それは実現へ向かって動き出す。

願いを口にするときは、「仙骨」を意識することが大切だ。

お尻の真ん中（骨盤の中央）にあるこの三角形の骨は、頭や背骨といった上半身をすべて支える大きな役割を担っている。

「仙なる」骨と書くように、昔から神聖な力が宿っていると考えられてきた。

骨盤の上に頭がしっかり乗っていることを意識しよう。

姿勢をよくして、願いを書き出すと、静かな気持ちになる。そして、自分との無言の対話が始まり出す――。

一人の静かな時間に「願いを書き出す」。これは不思議と、運がいい人の多くが習慣にしていることでもある。

Change Your Life, Be Happy!

23

「朝一番の儀式」で夢を早く叶える

〝朝起きると、幸運が待っていた〟

私はこれを何度も経験している。しかし、ただ起きればいいというものではない。**夜十時までには眠りにつき、早朝の光で目を覚ます**——これを守ってほしい。

清々《すがすが》しい凛《りん》とした空気は、汚れた心身を浄化してくれる。

だんだんと明るく、あたたかくなっていく世界を五感でめいいっぱい感じていると、**太陽の光によって、体の中に眠る神秘的な力が目覚める。**

イメージしよう。深く大きく呼吸をしよう。朝の〝底なしのパワー〟を体にとりいれよう。

この開運行動を実践するには、「太陽の光そのものを浴びる」というのが大事なポイント。つまり、夜更かしは厳禁である。

もちろん、たまには気持ちを緩めるのも大切なこと。夜遅くまで思い切り仕事がしたい、好きな人とずっと一緒にいたい、という気持ちを無理にやめてまで、この方法をためすことはない。

ただ、最近どうも調子が悪い、元気な自分を取り戻したいと考えるなら、明日にでもためすべき、シンプルだが、大変効果のある習慣である。

朝には他の時間とは違う〝気の流れ〟がある。早起きをして、いつもとちがう特別な「運の流れ」をつかもう。

Change Your Life, Be Happy!

24

〝ラッキー〟の求心力を高める

願いを叶えるためには〝集中力〟が大切だ。

気持ちが散漫になってしまえば、どんなに実力があっても、よい結果は残せない。

プロのスポーツ選手でも、これが同じ選手かと思われるほど調子が悪くなるときは、集中力を欠いたときである。

「いつも集中」なんてしなくていい。

誰でも好不調の波がある。

だらける日には、思いっ切りだらけていい。

ただ、チャンスが来たときに〝すぐに立ち向かえる心と体〟をつくっておこう。そうすれば、**ラッキーは喜びいさんで、あなためがけて飛びこんでくる！**

集中力を鍛える訓練法

瞑想《メディテーション》の効果はすばらしい。

瞑想すると、安らかになるだけではない。頭が冴え、幸せを感じ、創造的になる。私の経験を言えば、瞑想を終えた直後、とび抜けた〝いい考え〟が浮かぶことなどしょっちゅうだ。頭がスッキリして、思いがけないアイデアが泉のごとく湧いてくるのだ。

世界中で何千万人という人々が瞑想をしている。瞑想にはさまざまな形態があるが、シンプルに言えば〝頭を無の状態にして、心からリラックスする技術〟である。時間も五分から二、三十分あれば十分だ（中には長時間する人もいるが）。

ポイントを教えよう。

①静かな部屋で誰にもじゃまされない環境を作る。

②腰を下ろし、目を閉じて頭を空っぽにする。※座るのがむずかしい人は椅子に座っ

③丹田《たんでん》と呼ばれる下腹部を意識しながら、ゆっくりゆっくり腹式呼吸をする。
てもいい。

最初は、十分間何もしないで座っているだけでも苦痛だったが、その私が、いまはこうして熱心に勧める立場にあることで、その価値をご理解いただくしかない。

心理学者の間でも、**ウツや免疫機能への効果がある**と治療に用いる人も少なくない。薬を使うよりずっと健康的な治療法だ。とにかくやってみると、いかにふだんの自分が、異常な環境下で無意味な忙しさに振り回されているかがよくわかる。

瞑想の訓練をつんでいくと、〝無心〟の境地に到る。すると、怒りっぽくなくなり、どんな人ともちょうどいい距離を保てるようになる。

もし、あなたに瞑想に対する偏見が全くないのなら、本格的な講習を受けるか、かなり専門的な本を読むのもいい。科学的な思考に慣れきった人には、納得できない部分があると思うが、**科学的に説明されたものしか信じない生き方は、寂しすぎる。**

Change Your Life, Be Happy!

25

「やればできる」はウソじゃない

運がいい人は光り輝いて見える。きれいなオーラが出ている。

「この人には何か特別なものがあるな」「何か強いエネルギーを感じるな」ということは、とくべつ霊感が強い人でなくても、わかることがある。そういう人には運がついているのだ。

たとえば、とても魅力的で、まるで磁石のように周囲を引きつける人、そばにいてくれるだけで、楽しくなり元気がもらえるような人、そういう存在感のある人の周りには、自然に人が集まってくる。

愛したい、頼りたい、信頼したい、仲間になりたいなどと感じさせる、いわゆる魅力的な人間が、運がいい人の特徴といっていい。

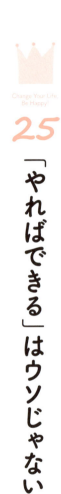

魅力的な人間になる一番いい方法は、意外に思われるかもしれないが、自分がいま〝やっていること〟に没頭することだ。

最高の集中力を発揮すること。

たとえば、いま勉強しているなら勉強に没頭する。仕事をしているなら、仕事に没頭する。人と話をしているなら、それに没頭する。どんなことにも誠心誠意取り組んで、気持ちをフラフラさせないことだ。

一分間たりとも〝集中〟できない、という人はいない。集中するのが不得意な人でもこの一分間を少しずつどんどん伸ばしてみよう。

あなたがそういう決心をして、しばらく実行すれば、他の人たちは、あなたの変化にすぐに気づくだろう。それはあなたが運を引き寄せた証拠だ。

Change Your Life, Be Happy!

26

運気をあげる食べ物とは？

健康になりたかったら、体にいい食べ物を取り入れるだろう。
では、運がよくなりたかったら、何を取り入れればいいと思う？

運気をあげる食べ物を取り入れればいいのだ。

運のいい体質をつくる食べ物とは「いい〝気〟」である。「気持ちいい気持ち」である。

つまり、気持ちが前向きになるように環境を整えればいいのだ。人の心は簡単には変えられないという人もいるようだが、私は賛成できない。
人の気持ちほどシンプルな法則で動いているものはない。

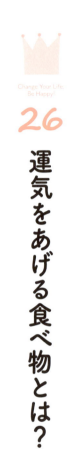

まずは、「三分間だけ掃除」をしてみよう。

えっ、そんなことで、いいことがやってくるの？　と思うかもしれないが、「えっ、こんなに気分がスッキリするのか！」と驚くほど効果を発揮する。

いま、あなたが一日のうちで一番長い時間いるところはどこだろうか？

働いているのだったら、オフィスの机の上を掃除しよう。

くれぐれも完璧を目指さないように。完璧ほどつまらないものはないからだ。

自分が気持ちがいいと思う程度まで掃除をしよう。「立てておくべきものは立て、関連しているものはまとめ、最後に簡単に水拭きをする」。それだけでいい。

余裕があったら、公共のスペースにも範囲を広げよう。掃除というのは少しの〝集中〟を求めるものだ。

集中して、掃除をしていると他のことを忘れられる。一心に快適な空間をつくると、なんだか気持ちに余裕ができたような気がする。なんだ、たった三分でこんなにきれいになるんだ！　と自信も湧いてくる。

実は、**自信こそ、「運気をあげる」一番いい〝気〟**なのである。

簡単に実行できて自分に「自信がつく」方法をあげてみよう。

「観葉植物を育てる」「動物をかわいがる」「弟や妹に勉強を教える」「後輩を、やさしく指導する」……人によっていろいろあると思うが、人に何かを「与える」、人を「育てる」ということばかり思いつく人は幸福である。

運がいい人は、人を助ける人である。

Change Your Life, Be Happy!

27 「80%達成すれば充分!」と考える

一日に起こることの九割は、まずまずうまくいっているかもしれない。仕事も順調だし、恋人との仲もまずまずだ。

だが、残りの一割は厄介なことかもしれない。取引先の担当者が急に怒り出したり、突然大雨にあうこともある。

運が悪い人というのは、今日一日よいことが九個もあったのに、順調な九個の事柄にはあまり目を向けず、厄介だった一個のほうを気にする。

私はこれを**「悲観思考が不幸を寄せつける」習慣**と呼んでいる。

人はよい出来事よりも悪い出来事に注意を向けがちだ。

たとえばその日、十人の人と話したとしよう。そのうち九人は、感じのいい礼儀をわきまえた人たちだったが、一人だけは本当にイヤな人！　だったとする。

その日の終わりに、「今日はどんな人と会ったの？」と問われたとき、「みんな親切で、いい人たちばかり」と答える人はまれである。

美しい絵に感動する前に、画家のサインが気に入らないとか、そんなことばかり気にしている人がいるが、それと同じだ。「謙遜は美徳」という考え方もあるが、「不幸を寄せつけるほどの謙遜」は度が過ぎている。

どうも楽観的になれないとしたら、たとえば人と話すとき、なるべくよかったことを話題にしてみよう。

「こんな面白い人がいた」「こんな美味しいものがあった」「こんな感動的な話を聞いた」……。

楽しかったことを、みんなで笑顔で語り合えば、明るく楽しい〝運気〟が寄ってくる。

Change Your Life
Be Happy!

28 運が悪い人は「仕返し」が好き

親切にしたのに、恩を仇《あだ》で返される、約束したのに裏切られる……。心の底から「くやしい！」と思ったことがあなたにもきっとあるはずだ。

そういうときは、どうした？

相手に何とかして「思い知らせてやりたい！」と思わなかっただろうか。

人間は「仕返し」をしたいと考える生きものである。大きいことから小さいことまで、自分にイヤなことをした相手に「仕返し」をしたいと思うし、実際に仕返しする人もいる。古今東西の小説でも現実の世界でも、「仕返し」という悲劇は生まれている。

なぜ仕返しを考えるのか。それはスッキリしたいからだ。でも、この「仕返し」ほど運を悪くさせることはない。仕返ししたい気持ち、つまり**復讐心は、悪魔が仕掛けた大きく深い落とし穴**といってもいい。

私の友人に、抜きん出て歌のうまい女性がいた。才能を磨けば、一流の歌手になれそうなほどだったが、そのころ、彼女は両親との仲がひどく悪かった。

その両親は、彼女が聖歌隊に入ることを望んだ。彼女自身も入りたかったのだが、彼女は親への反応が強かったので「思い知らせてやる」つもりで、とうとう入らなかった。おかげで彼女は、持って生まれたすばらしい才能に磨きをかけるチャンスを逃した。

腹の立つ相手に「思い知らせて」やると、たしかに一時的には気分がいいかもしれない。だが、結局損するのは仕返しをしたほうだ。

なぜ、そのことに気づかないのだろう。

私だって、頭にきているときは、相手をやっつけてやりたくなる。だが、腹立ちまぎれの仕返しは、「自分のためにならない」。
一歩退いて、悪魔の落とし穴をよけて通ろう。
そうすれば「私は賢明で強い人間だ」と自信が持てる。

Change Your Life, Be Happy!

29

たまには「の〜んびり」する

「前向き思考」を何よりも勧めている私だが、一日二十四時間、ガンガン前に進むことは勧められない。

心も体も疲れてしまう。何事もバランスが大事だ。

いくら運をよくしたくても、無理してこの本に書いてある方法をすべてためすことはない。

親しい仲間と夜ふかしするのは楽しいけれど、**過ぎれば体のためによくない**。ケーキがいくら好きでも、食べすぎれば、ダイエットしなければならなくなる。

私はコーヒーが好きだが、一日に二杯か三杯にとどめている。それ以上飲むと、頭が活動的になり過ぎる感じがして、かえってマイナスになるからだ。

精神面でも同じようなことがいえる。たとえば、欠点を乗り越えることは大事かもしれない。でも度を越して意識すると、自分の長所を打ち消してしまうこともある。それでは本末転倒だ。

何にでも限度というものがある。

親しい友人、先輩からの正しいアドバイスでも、過剰になれば反発心が芽生える。コップの水も入れ過ぎればこぼれてしまうのと同じだ。

どこらへんが〝いいバランス〟なのか、わからないときは、自分がとにかく**〝気持ちいい〟ポイント**を探してみよう。

無理をし過ぎていないか、手を抜き過ぎていないか——ちょうどいいバランス——それが最適値だ。

たまにはのんびり心を休めるのも「幸運体質」をつくるのに必要な時間だ。

何となくうまくいかないときは〝バランス〟が崩れていないか考えてみよう。もしかしたら、いまのあなたの考え方は偏っているかもしれない……。

Change Your Life, Be Happy!

30 悩みを〝大歓迎〟する

人生に別れはつきものだ。そして別れはいつもつらい。悲しい。

だが同時に、よく生きるためには、常に別れも経験しなければならない。

別れのつらさにたえる経験は、自分を強くしてくれる。どんなにつらくても、別れは私たちの人生に欠くことができないのだ。

私は初めて「大切な人の死」に向きあった日のことを、いまでもはっきり覚えている。

打ちひしがれ、もうこの先、いいことがあるのだろうかと思った（たぶん、「大切な人」をなくした経験のある人はみんな、そうだと思うが）。

だが、私は立ち直り、いい恋も結婚も仕事もした。

当時を知る人からは、いまの私は以前よりも「いい顔」をするようになったと言われる。あの死の体験があったからこそ、いまの自分がある。最近ようやく、そう思えるようになった。


あなたも別れのつらさを味わっているかもしれない。そうだとしたら、いま私が述べたような意識の変化をたどることになると思う。

でも多くの人は、つらいことや悩みに対して繊細になり過ぎているような気がする。たとえば別れを経験したとき、嘆き悲しむだけでなく「でも、その人と出会えてよかった」……と感謝の気持ちをもって解釈できるようになるには、時間が必要だ。

しかし、いつかは、きっと、あなたの傷は癒される。そして、あなたはもっと〝大きく〟なれる。


人間が最も大きく成長するのは、自分が傷つくかもしれないときでも、他人の

幸せを祈ることができたときだ。

愛の持つこの不思議な癒しの力を体験できれば、たとえつらい別れを体験したときでも早く立ち直ることができ、人間的にも成長できる。

そうした成長を重ねた人は、**たいていの悩みは最終的に姿を変えた〝素敵な贈り物〟だった**と考えられるようになるものだ。

Change Your Life. Be Happy!

31

心が疲れたら、体を動かしてみる

心には筋肉がある。

ちょっと疲れているなと思ったら、「心の筋肉」を動かそう。

心の筋肉は、もちろん実際に動かせるものではないが、訓練しだいで、モチベーションがあがり、元気が湧いて、一瞬で「やる気いっぱい」になれる。

心の筋肉の原動力となるのは、**「前向き思考」**だ。

この思考方法さえ身につければ、いつでも心が元気になれる。

そうなるためには「前向き思考」という心の習慣を長年続ける必要がある。

その下準備となるのが、体の筋肉をきたえることである。

体の筋力をアップさせることが、心の筋力をアップさせることにつながる。

テニス、サッカー、陸上、バスケット、ダンス、ゴルフ、野球、体操、ジョギング、水泳……その他何でもいい。積極的にスポーツをして体を動かそう。

体を動かしてエネルギーを使うと、脳内にエンドルフィンという物質が分泌されて、リラックスした穏やかな気分になれる。

さらに、スポーツをすることで、幸運を引き寄せるのに必要な〝集中力〟も身につく。

いつも上機嫌でいるために、スポーツの習慣は欠かせない。

Change Your Life.
Be Happy!

32

「できる人」のように振るまう

自信家は生まれたときから、みな自信家だったわけではない。

彼らは自信があるから自信家になったのではない。ある時点で、自分は自信家としてふるまうことが必要だと判断して「そうすることにした」のだ。

つまり、**最初は「フリ」でも自信家のように振るまっているうちに、本当の自信を獲得できる**ということ。

自信とは人に左右されるものではなく、自分自身が内部に確固と持つべきものだ。

人の評判にいちいち振り回されてはいけない

成功が自信家をつくることは、実はそう多くない。むしろ逆に自信が成功家をつくるほうが多い。

まず何でもいいから、自分に自信を持つことだ。

自分は頭がよくて、才能もあり、努力家でやり遂げる強い意志があると信じ、常にそれを自認していると、本当にそういう自分になっていく。頭の中でイメージしたことが、どんどん現実になっていく。

非常に困難が伴うであろう新しい研究に取り組むことになった天才女性科学者は「自信はあるか」という問いに、こう答えた。

「よくわからない。でも、私にできることだけはたしかよ」

Change Your Life, Be Happy!

33

「自分のやり方」を貫き通せ

あなたは、自分が「つまらない存在」だと思っていないだろうか。
そういう気持ちに襲われたときは、何でもいいから断固自分のやり方を貫いてみることだ。迷うことなく、それに賭けてみるのだ。

迷子になった犬猫に、新しい飼い主を見つけるという仕事をしている女性がいた。ある一定の期間に動物たちの引き取り手がいなければ、その動物たちは処分される。
ある日、彼女はパーティーへ行く約束があった。友だちが彼女を迎えに来た。彼女はチャーリーという犬を引き取ってくれるという家に電話をし終わったら、友だちと一緒に出かける予定だった。

だが、何度かけても相手はあいにく不在だった。このまま出かけてしまうと時間切れでチャーリーは処分されてしまう……。

五度目の電話をかけているとき、友だちは「早くしてよ。あなたにはどうしようもないことなんだから。もう、待てないわ」と言ってパーティー会場に一人で向かった。

同時に電話が鳴った。彼女がかけ続けていた人からだった。

「電話に出られなくてすみません。明日、チャーリーを迎えに行きます」

犬一匹の命なんてどうでもいい、と思う人もいるだろう。

でも彼女は、このとき確実に、一匹の犬の命を救ったのだ。

世の中を変えることなど、自分にできるわけがない。こんなふうに思っていないだろうか。そんなことはない。**誰かがちょっといい気分で過ごせるよう手助けするたびに、あなたは世の中の何かを変えている。**

〝にっこりと〟ただ笑うだけでも、あなたは人の心を和ませている。協力したり、同情したり、親切にしたり、寛容な態度を示すのも同じだ。この世に必要のない人間など一人もいないのだ。

あなたにはあなたの今日の〝小さな使命〟がある。
それを最大限に活かすのが〝運がよくなる自分の生かし方〟である。

Change Your Life, Be Happy!

34

「イヤなこと」には鈍感になる

体というのは一つの宇宙である。

体は毎日、ドラマティックに動いている。

ちょっと調子が悪いなと思っても、睡眠をとったり、人と話すと元気になってくる。

人間は無意識に心も体もバランスをとっているのだ。

運がいい人は、うまくこのバランスをとる習慣が身についている。

眠れない日が続いたり、強いストレスがかかると、どうしても心や体がアンバランスになってくる。いくら神秘的な底力が眠っている人間の体にも無理が生じる。

イヤなこと、都合の悪いことは即刻、頭から消し去るくらいに、図太い神経を持ったほうがいい。

成功者には大変な心配性が多いものだが、同時に、イヤなことがあってもすぐに解決できる、と固く信じているものだ。

「なんとかなるさ」と信じて疑わない。

だからストレスによって自分が押しつぶされることはない。


〝イヤなこと〟を「イヤなこと」と判断しているのは、あなたの頭である。しかし、逆転発想すれば〝イヤなこと〟も、「いいこと」と感じられるようになる。

トラブルのおかげで、あの人の苦言のおかげで「こんなことに気づけた」と考えることができれば、運命を好転させるきっかけにできるかもしれない。

「イヤなこと」が起きたら、どんな場合もまず一歩下がって、その「イヤなこと」と距離を置くこと。

客観的に見てみると、「なんだ、たいしたことではない。大局的に見たら、これは悪いことではない」と考える余裕がでてくるものだ。

3章

言霊《ことだま》は“底抜けのパワー”を生む

「いいこと」を 引き寄せる 言葉を何個言える?

HAPPY GOOD LU

Change Your Life, Be Happy!

35

「なるほど」——他人の言葉には「真実」が隠されている

二、三年前、私の講演のあと、聴衆の一人が手をあげて言った。

「先生は話し方が速すぎです。聞きとれず困りました」。彼の指摘はショックだった。

「他人の言葉」について常にいえることが一つある。誰かがあなた自身を評価するとき、それは図星かもしれないし、そうでないかもしれない。だが、**どんな批判も、あなたにとって「耳を傾ける価値がある」**ということだ。

彼は「もっと先生の話をきちんと聞きたかったのに」と残念そうに言った。

途端に私の気持ちは軽くなった。彼は私が早口であったことを批判するのが目的ではなく、「もっときちんと聞きたかった」と〝自分の欲求〟を主張しているだけだと気づいたからだ。

人に批判されるとついイライラしてしまうが、相手の欲求を中心に考えると、素直に耳を傾けられるものだ。

多くの人は、他人から批判されると、そんな批判は的外れだとか、なぜ自分が批判されなければならないのか、批判されて不快だなどと思う。

だが、一度、批判を自分に対する「攻撃」と受け取らず、相手の**「切実な欲求」**ととらえてみたらどうだろうか。

自分に向けられた批判を、「攻撃」ではなく「欲求」と考えれば、いわれていることが、がぜん受け入れやすくなる。私への「早口すぎる」という批判も、攻撃と考えて不快に受けとめていたら、私は成長することはなかっただろう。

私は彼のおかげでゆっくり話すことを心がけるようになり、おかげで、前より話し上手になったと誉められることが多い。

他人の言葉には常に真実が眠っている。そこには、必ずあなたを成長させるきっかけがある。

心と体はいつも他人に対して〝開いて〟おこう。

Change Your Life, Be Happy!

36

「おめでとう」

――運がいい人ほど、人の幸せを喜ぶ

ストレスを減らして、もっとハッピーになるための一番簡単で一番たしかな方法。それは、他人の幸福を自分の幸福のように喜んでしまうことだ。

私たちは他人の幸せや成功した姿を見ると、「うらやましい」とか「何で自分じゃないの」という思いに駆られがちだ。

ある人は、「今度、昇進するの」と友人からいわれたとき、「おめでとう……」とかろうじていったものの、内心では「どうして自分はあまり高く評価されないのか」と気分が落ち込んだという。

よくある反応だが、一歩退いて考えてみると、こうした反応をすると自分がさらに傷つく。友人の昇進を妬む人は、自分から進んで不幸せになっているようなものだ。

他人の幸せを願って、その幸せにあやかれば、自分もその人と一緒に幸せを体験することができるのに。

幸運の女神は、いつも笑顔でいる人のところにやってくるのだ。

幸運の女神に愛されるためにやるべきことは、たった一つでいい。

それは**人が幸せなとき、幸運に恵まれたとき、その人のために心から喜んであげること。**

友人に素敵な恋人ができた、自分よりいい大学、就職先に決まった、自分より周りから高い注目をあびている、自分がやりたかったプロジェクトに就いた……どんな場合も同じだ。

最初は難しいだろう。だから**はじめは「フリ」でもいい。**

「フリ」だけでも他人の幸せを喜んでいると、不思議なことに、自分自身にも「いいこと」が舞いおりた気分になる。そして、面白いことに「気分」が幸福だと〝本当〟に環境が変わり、あなたに強運がもたらされるのだ。

Change Your Life, Be Happy!

37

「あなたの言う通り」——不必要なトラブルは回避せよ

車を運転しているとき、やたらと後ろに近づいてくる車が気になって仕方がない、というような経験はないだろうか？　ぶつかってしまうのではないかとイライラする。

そういう状況のとき、あなただったらどうする？

「急ブレーキを踏む」「追い抜かれないようスピードを出す」などなど、いろいろな考え方があるだろう。

ある人はこう言った。

「そういうときは少しも取り乱すことなく、自分の車を脇によせて停め、先に通してあげます。事故はどこかよそで起こしてもらいましょう」

なんとすばらしいアドバイスだろう。舌を巻いた！　考えてみてほしい。イライラして攻撃的になっているドライバーが、そのうち事故を起こすのは目に見えている。

そんな人のせいで、事故に巻き込まれ、わざわざ不幸になるなんて、誰だって真っ平ごめんだと思うはず。だが、現実はどうかといえば、理屈でわかっていても、わざわざトラブルを生む対応を選ぶ人が、なぜか多い。

〝リスクを避ける〟には、ハイリスクな人とは関わらないのが一番。

もし、それができなかったら、まず「あなたの言う通りです」と相手の要求を受けとめてしまおう。

全部要求をのむことはない。小さな要求だけをのみ、不必要なトラブルを回避するのだ。「肉を切らせて骨を断つ」という諺《ことわざ》は、この話にピッタリだ。

幸運をつかむ人は小さなことにこだわらない。大きな利益を得るために、小さなリスクにはこだわらない。

車の運転に限らない。日常的にイライラすることはたくさんあるが、こちらがどれだけ正当であっても、やり返す発想は事態を悪化させ、危険な状況をエスカレートさせるだけだ。

トラブルの芽が出たとき、その九割は「お先へどうぞ」「あなたの言う通りです」で、実はすむ。

さて、いまあなたが抱えているトラブルは、リスクを負ってでも強情を張るべきことだろうか——?

Change Your Life, Be Happy!

38 「教えてください」――「私のことを認めて!」という声に応じよ

話をしていて「わかっている」といいたくなることはよくある。

だが、この言葉は禁句にしたほうがいい。

理由は二つある。

一つは相手を不快にさせてしまうから。反対の立場になってみれば、たやすく想像できるだろう。あなたに話そうとしたからには、相手はその話をあなたに話すだけの価値があると思っている。だったら耳を傾けるのが礼儀だ。唐突に「わかっているよ」「知っているよ」といわれたら、誰でも出鼻をくじかれてがっかりする。

もう一つは、聞く耳を持たない人だと低く評価されるからだ。たとえば経験の多い先輩に「常識とはこういうものだ」と説明されたとき、あなたが「ああ、わかっていますよ」と答えたとしたら、先輩はあなたを傲慢だと思うだろう。

本当に頭のいい人とは、五歳の子供の話にも耳を傾ける。人の話をさえぎってしまうのは、不誠実な人と思われても仕方がない。

人は誰でも「私のことを認めて！」と思っている。価値のある人間だと思われたいと願っている。なのに、「ああ、わかっているよ」と答えれば、相手は適当に扱われたと感じてしまうのは当然のことだ。ほんとうに「相手の言うことがわかる」瞬間などやってくるはずがない。わかっていないのに、わかっているフリをしていることが多いのだ。しかも、無自覚であることが多い。

「わかっている」を禁句にするのは、人間関係を円滑にする有効な戦略だ。

実際にためしてみるといい。途中でさえぎらず、相手の言うべきことを全部聞く。すると相手はあなたに必ず好感を持つ。

聞き上手な人は、決して「わかっている」といわない。むろん、わかっていることはいっぱいあるが、あえて口にしないのだ。それよりも「教えてください」と謙虚である。そして、そういう人には心をこめて、応援したくなるものだ。

Change Your Life, Be Happy!

39

「ありがとう」——「うまくいっている」ことに感謝しよう

感謝というのは、理由があってするものと一般に思われている。

人から何かしてもらって知らんぷりは失礼だが、何もしてもらっていないのに感謝する必要はない。ふつうはそう考える。

だが、それはとても狭い考え方だ。

「もっといい人生を送りたいと思っている人へ、たった一つだけアドバイスするとしたら、どんなことでしょうか?」

こう聞かれたとき、私は**「感謝することに、もっと気を配るべきだ」**と答えた。

実際、感謝することほど、その人の人生を大きく変える力のあるものはない。

真の感謝とは他人に向けられるものばかりでなく、うまくいっているすべてに向けられるべきものだ。

そういうものを見つけて「ありがとう」というのが感謝ということ。だから、生きている限り、感謝の材料にこと欠くことはない。

一日の終わりにその日を振り返って、九つうまくいったことがあり、一つうまくいかなかったとすれば、もちろんうまくいった九つのことに目を向けよう。うまくいっていないことより、うまくいってることについて、もっと考えるクセをつけよう。

夜寝る前に、今日うまくいったことを三つ考えてみよう。できれば、紙に書き出すといい。感謝することがたくさんあると、とてもあたたかい気持ちになれる。

「ありがとう」と感謝するだけであなたは幸福感に満ちてくる。その上、人生の質を大きく変えることができるのだ。感謝する材料がやってくるのを待っていてはダメだ。探してでも感謝をするよう心がけよう。

Change Your Life, Be Happy!

40

「あこがれてます」──誉め言葉には底力が潜んでいる

「してもらって嬉しいことは？」という質問の答えに、「誉められること」は必ず上位にランクされる。

誉めるところが見つからないので、誉められないという人がいる。その人は、誉めることを少し難しく、考えすぎている。どんなに小さいことでも、どう誉めてもいいのだ。

要するに、誉めること自体に意味があることを理解すればいいのだ。

面と向かって誉めるのが苦手な人には、いい方法がある。**誰かに向かって間接的に伝える**のだ。

「○○さんは、本当に親切でいい人だ」と誰かに言うと、その人が当人に「××さんがあなたのことをこう言っていたよ」と伝えてくれる。このやり方は、直接伝えるよりも効果的である。

誉め言葉の底力とはどんなものか。**とにかく、誉めると、自分に「いいこと」がおこる。**誉めるのなんて〝お安い御用〟だが、戻ってくる恵みは思いのほか大きい。誉めるのは、いわばコストゼロの投資のようなものだ。

ある女性が自分の友人について、知人にこんなことを言った。

「彼女は友人一人ひとりに対してとても誠実です。本当にあこがれています。誰に対しても態度を変えることがないし、自分のことよりも他人に尽くすことに力をいれる。私は彼女を心から尊敬しています」

その女性にしてみれば正直な感想だった。だが、女性の知人からそれを聞いた当の友人は、そんな素敵な誉め言葉をいままでもらったことがなかったのですごく感激したという。

誉める能力は無形の財産と言ってもいい。

どれだけの利益を生み出すか、それを正確に測定することはできない。誉めることにマイナスはないから、あなたも**どんどん人のいいところを口に出してみよう。**

そして「ありがとう」という言葉をかけられたら、さらにプラスのパワーはたまっていく。誉めることで、誰も損をしない。

Change Your Life, Be Happy!

41

「すばらしい」
――〝心の合気道〟のワザは最高に効果的

ラジオのトーク番組でインタビューを受けているとき、ある人が私の主張に反論してきたことがあった。

きっと、よほど自信があったのだろう。その人が議論したがっているのは明らかだった。そのとき私はゆっくりした口調で穏やかに、彼の意見に賛成した。

「あなたは公平な立場で議論ができるすばらしい人だ」と相手を誉めた。そして相手は論争が始まるきっかけをつかめないままインタビューは終わった。

それはそうだ。私が彼の意見に賛意を表することで、論争の意義はすっかり失われてしまったのだから。そのときの私にとって、どちらが正しいか間違っているかは、たいした問題ではなかった。

でも、そのとき、私が反論していたら、どうなっていただろうか。

古代ギリシャの賢人セネカは「争いのケリをつけるより、自制することのほうがはるかに簡単だ」と言っている。


人と徹底的に対立する前に、それは真っ正面から受けて立つ問題なのか、冷静に考えてみよう。


合気道のようにふっと相手のエネルギーを避けたり、利用できないかを考えてみよう。合気道とは「小が大に勝つ」非常にクールな戦法である。

私が見た合気道の試合では、大小二人の男が戦ったのだが、大きいほうの男は、小さいほうの二倍もありそうで、戦う前から勝敗の行方は明らかに見えた。

ところが華奢で小柄な男は、地響きを立てて突っ込んでくる大男に対し、すっと手を伸ばし、わずかに横に動いただけ。それで、あっさり勝負は決まってしまった。足下に倒れた大男を、小柄な男は涼しげに見下ろしていた。

人付き合いにもこの「流れを利用する」方法を応用してみよう。

合気道の真髄は、相手の攻撃力や体力を自分の力として利用する点にある。そこには、一見穏やかだが、力強く凜とした気高さがある。

相手の不快な気持ちに、こちらも不快な気持ちで対応しては、賢くない。

激しく責めてくる相手は「自分を認めてほしい」と思っている。だから、穏やかに退きながら「あなたの考えはすばらしい」と相手の関心、力を相手に向けてしまおう。

私がラジオのトーク番組でとった先の作戦は、合気道をマネたものだった。

この作戦は、いろいろなトラブルや紛争、対立に応用できる。あなたも、こんど友人や家族、仕事場などで試してみてはいかがだろう。

〝心の合気道〟を持って接すれば、争いごとのない人生を送るのに大いに役立つ。

運がいい人ほど、賢く人生を歩んでいる。

Change Your Life, Be Happy!

42

人を喜ばせる人に"幸運"は舞いおりる

古今東西の賢人は、言っている。

「人間にとって一番楽しいことは、他人の喜ぶ姿を見ることだ」

できるだけ多くの他人を喜ばすことができた人は、世界で一番幸せな人ということになる。

世界中の尊敬を集めた修道女、マザー・テレサはその一人だ。

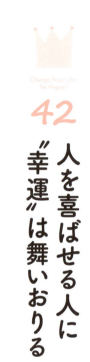

マザー・テレサの言葉に「私たちはこの世で大きいことはできません。小さなことを大きな愛でやるだけです」というものがある。

また、「もっと幸せになるために、私たちは何をしたらいいのでしょう」という質問に、マザー・テレサはこう答えている。

「ほかの人のためになることをしなさい」

自分が親切な心を持っているときは、世間がよいものに見える。**やさしく思いやりのある人には、世間もお返しをしてくれる。**人のために何かをしてあげることは、ハッピーになる早道だ。

私の下の娘が、学校にお弁当を持っていくのを忘れたとき、クラスメートの一人が、それまでほとんど口を聞いたこともなかったのに、「私のお弁当を分けてあげる」と言ってくれたそうだ。その言葉に娘はものすごく感動して、その日一日中、喜びで胸がいっぱいになったそうだ。

与えるというと、何か大きなことを考えがちだが、人に与えるのは、どんな小さな行為でもかまわないのだ。

たとえば、きちんと挨拶をするとか、微笑みかけるだけでもいい。人に道を教えてあげる、してもらったことに「ありがとう」を忘れずに言う。アジアの飢餓地域の貧しい少年ですら、帽子や日よけを持たない小さい子供や老人のために自分の体で影を作って、強い日差しをさえぎる奉仕をしている。「与える」を実践するための小さなことは、数え切れないほどたくさんある。要はやる気の問題だ。

どんな手段であれ、他人に喜びを与えるたびに、あなたのストレスは減り、自分も世の中のことも、好意的に見ることができるようになる。

与えれば与えるだけ自分がハッピーになる――このことは、この世に隠された貴重な秘密の一つかもしれない。

どうしたら、他人にもっと与えられるか、それを考えてみよう。世のため、人のために。そして自分のために。

Change Your Life, Be Happy!

43

ツイてる人は、悪口を言わない

ツイている人は自分で自分を鼓舞するのが得意だ。

言霊《ことだま》といわれるように言葉は「魂」を持つ。

言葉は願いを現実に変える強力なパワーを秘めている。

「○○という願いは叶う」と言っているだけで、現実は変わり出す。単純なようだが、これはほんとうだ。

「ありがとう」や「感謝します」と口に出しているとプラスのパワーが集まり、あなたに「いいこと」を引き寄せる。

逆に「あの人が嫌い」といった陰口はツキを遠ざける。

陰口にはマイナスのパワーしかない。

陰口を言って、スッキリしたことはあるだろうか。どんよりとした空気につつまれるだけではないだろうか。

「面倒くさい」という言葉もまた、マイナスのパワーを生じさせる。言った途端に、やる気がみるみる減っていく悪魔の言葉だ。

人生はいいことばかりではない。みんながいい人ばかりでもない。

自分しか自分の味方がいないときもある。

そんなときは、自分を奮い立たせる言葉が必要だ。


もっとツイている自分になりたかったら、人の悪口を言っているヒマなんてない。

Change Your Life. Be Happy!

44 愛され上手は〝聞き上手〟

私たちは、誰でも自分のことを「価値のある大切な存在だ」と思っている（思いたい！）。

そして、自分の価値を最も認めてくれる人のことを好きになる。

最も自分を認めてくれる人を愛してしまう。親と子の関係がそうだ。

親は子供に愛情を注ぐから、子供は親を愛するし、子供が親を愛するから、親は子供を慈しむ。

世の中には寂しい気持ちを抱えている人は多い。

そして**世の中は聞きたがり屋より、話したがり屋で満ちている。**

〝とにかく人の話を聞くこと〟は最高の愛情表現ともいえるのである。

もし、あなたの好きな異性や、仕事関係の人が話したがり屋だったら、あなたはラッキーだ。

どうやって、相手の心をつかんだらいいか、もうわかるだろう。

4章

この出会いから「幸運」がうまれる！

「縁」を「運」に変えるには？

Change Your Life, Be Happy!

45

「嫌われたくない」を捨てる

あなたが仙人のように超越した存在になることをめざしていないかぎり、「みんなに好かれる」ことは、今日いっぱいでスッパリあきらめよう。

以前、旧友の一人から、こんな質問をされたことがある。

「水深十五メートルのところにいて、シュノーケルの長さが三十センチしかなかったら、何回息ができる？」

答えはむろん「一回もできない」が正解。初めから不可能ということだ。

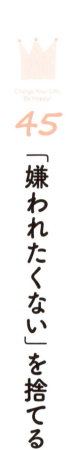

同じことが、すべての人から好かれようと思っている人にもいえる。そんなこと、できるはずがない。でも、たいていの人は、誰にも好かれようと思ってしまう。

私だってそうだ。私は以前、自分が人に親切にすれば、その人も自然に親切にしてくれるものと信じていた。

そう教わって育ったからだ。だから私は他人には分けへだてなく親切にしてきたし、だいたいのところは、その通りになった。だが、大人になってみると、どんなに努力をしようと、誠意を見せようと、私のことを嫌う人がいることに気がついた。

それは私だけでなく、誰にも起きるということにも、すぐ気がついた。

ある人は言った。「あの人の幸せそうなところが嫌いだ」。

こんなふうに嫌われては、もうお手上げではないか。でもそれが現実なのだ。

自分が誰を好きになるか、自分が人とどう接するかは、自分でコントロールできるが、人が私をどう思うか、人が私とどう接してくるかは、全くコントロールできない。

このことをしっかり頭に入れておこう。

また**「全員から好かれることはない」**という事実を受け入れると、理想的な友だちが得られる。考えてみれば、これも当然だ。

「誰の友にもなろうとする人は、誰の友でもない」というドイツの作家プフェッフェルの言葉は真理を語っている。

Change Your Life, Be Happy!

46

困っている人を助ける

もしもあなたが、毎日ハッピーでいたいなと思うなら、あるいは、何かで人の助けを必要としているなら、奉仕活動に参加してみることだ。

多くの成功者が実践しているように、それが運がいい人になる一番の近道である。

これは冗談でも誇張でもない。**奉仕活動は、人を幸せにする。**困っている人を助けるとポジティブなプラスのパワーでいっぱいになり、驚くほどストレスが減り、想像以上にハッピーな気分になれる。

どうしたら奉仕活動に参加できるか。町の書店に行けば、本がいっぱい置いてある。一冊でも目を通せば、いろいろな選択肢が見つかるだろう。一番関心のあるものから気軽な気持ちで参加してみよう。

その気にさえなれば、選択肢に困ることは、まずない。恵まれない子供たちの援助をするのもいい、ホームレスなど弱者の手助けをするのもいい。近所の公園の清掃やペットの散歩を代行する活動を選ぶことだってできる。

もし、あなたがみんなと一緒に活動するのが苦手だと思うのなら、自分一人でできるものを見つけるといい。

あなたに奉仕された人はあなたに「ありがとう」と声をかける。口に出さない人がいたとしても誰もがそう思うだろう。

すると、「ありがとう」という言葉や思いは強力なプラスのパワーを持っているから、人を助ければ助けるほどあなたの周りには「いいツキ」をよぶプラスのエネルギーがどんどん集まってくるのだ。特に人のイヤがることを進んでやる人は尊敬される。

そして周りの人に感謝されるとあなたは自信がつき、いろいろなことに前向きに取り組めるようになる。

「前向き」は、運をよくする一番いい心の状態である。心が弱っているな、マイナスのパワーがたまっているなと思ったら、迷わず「人を助ける」ことを実行しよう。

Change Your Life, Be Happy!

47

ニッコリ笑うだけで、争いは減る

争いを避ける一番簡単で効果的な方法がある。ニッコリ笑うのだ。私はあなたを「不快に思っていませんよ」「受け入れていますよ」というメッセージを送ろう。謝罪の言葉を口に出すのがどうもむずかしいときでも、口の筋肉を少し動かすくらいだったらできると思う。

あなたと同じで、人はたいがい、あなたの一日をめちゃめちゃにしてやろうとか、あなたを失望させてやりたいと思っているわけではない。

そうではなくて、自分の一日を生き抜くために全力を尽くしているのだ。

それにその人はあなたとちがって、とてもハードな一日を過ごしているかもしれない。ものすごく傷ついていたり、ひどく落ち込んでいたり、危機に瀕していたりしているかもしれない。他人には決してわからない部分を、人は必ず抱えているものなのだ。

とげとげしく、無愛想に反応する代わりに、ニッコリ笑ってあげれば、相手も和んで、よい関係が結べる。

あなた自身も誰に対しても好意的に接することで、バランスのとれた見方もできるようになる。それであなた自身へのマイナスの影響もほとんどなくなる。

笑顔が似合わない人なんていない。笑顔はどんな人の顔も輝かせ、相手の心を開かせる。

「ただ口角《こうかく》をあげる」――こんな簡単なことをなぜしないのか。

自分に悪気はなかったことを相手にシンプルに理解してもらいたいと、あなた自身思ったことはなかったか。みんながそう思えば、人間関係の誤解はグンと減るだろう。しなくてすむ争いをしている人の、何と多いことか。

Change Your Life, Be Happy!

48 「言葉」ではなく「行動」で判断する

ほとんどの人は「ウソつき」だ。自分の本当の気持ちさえ、うまく言葉にできない。ときにはその人の足跡のほうが言葉より雄弁である。

どうしてもあの人のことがゆるせないと思ったら、相手の「言葉」ではなく「行動」で判断しよう。「言葉」ではどうとでも言えるが、「行動」ではウソをつけないからだ。

チャンスというのは人が導いてくれるもの。だから、できるだけ多くの人との縁を大切にしてほしい。

だが、たったひと言で、縁が切れることもある。

ささいなケンカでチャンスを逃さないでほしい。

Change Your Life, Be Happy!

49 "上機嫌の達人"になるトレーニング

人は不機嫌なとき、つい言葉が乱暴になり、他人を批判したり、いばりちらしたりする。

そういうとき、その人自身は、自分が不機嫌なせいで視野が狭くなっていることに気づいていない。不機嫌なときには、誰もがそうなることを思い出してほしい。あなたの周りにいる不機嫌な人をゆるしてほしい。

親友だろうが親だろうが恋人だろうが上司だろうが、とにかくみんな同じようになる。例外はない。

あなたにも、きっとそんな経験が何度かあるはずだ。でも、そうとわかっていれば、不機嫌なとき、人がとる行動は本心からではない、と想像できるはず。

たとえばある人が、親からひどく意地悪なことをいわれた。

「あなたとは、もう家族でいたくない！」

以前のその人なら、きっとその言葉を、親の本音として受け取っただろう。が、その人は私の本を読み、「相手をゆるす」ことについて学んでいたので、たまたま親は虫の居所が悪いのだと理解し、反発もいい返しもしなかった。

そのかわり一日待って翌日、その人は親と仲直りしようと思った。すると、親は、朝、顔を合わすなり、「私が悪かった」とあやまった。二人は率直に話し合って仲直りをした。「話す」ことができたから関係を悪化させることがなかった。

イライラしていては問題は解決しない。まずは相手を受け入れよう。

相手や自分の不機嫌な気分など、しょせんは〝一時的〟なもの。その場をやり過ごすのに**ほんの少しがまんが必要になるが、それだけの価値はある。**

運がいい人は上機嫌になる達人である。

Change Your Life, Be Happy!

50

「自分を譲る」ほど強くなれる

誰でも〝人とぶつかる〟ことはある。人それぞれ、ものごとの見方や解釈はちがうのだから、争いごとが起きるのは仕方がない。

それより問題は「どれだけ人との衝突を避けるか」だ。衝突を避けると〝人生の質〟は飛躍的によくなる。あなたの知り合いにも、ものごとを軽く受け流すことができないで、ほとんどあらゆることについて争っているように見える人がいるだろう。

そういう人は二つ損をしている。

一つはすごく疲れるということ。何もかもに怒っていたら、人生は戦場と同じ。疲れないわけがない。

第二に人から敬遠される。理屈っぽくて、争いが好きな人と一緒にいたいと思う人など、そうはいないからだ。

そういう人に、ぜひ勧めたい、すばらしいアイデアがある。

人と意見が対立して争いに発展しそうになったら、その争いの種を重要度に分けて十段階の点数をつけるのだ。たとえば職場で、頼んだコピーのとり忘れが起きたら三点、デートのとき、相手が遅刻をしたら五点といったふうに。

重要なのは、**五点未満の、小さなトラブルについては、「争わない」と固く心に決めること**だ。五点未満ならあっさり忘れるか、平和的に解決することに専念する。

この方法がすごいのは**「小さなトラブルには本気で怒らない」と決めるだけで、本気の争いが激減する**こと。その上、平和的な解決方法を考える作業は、平和を通り越して、むしろ楽しいものになっていく。これを続けると、意外と五点未満のトラブルが多いことに気づく。自分たちがいかに些細な問題で、日ごろから争っているか。

私はこれを十三歳の少女から教わった。面白いアイデアはいつも真摯に受けとめたいものだ。

Change Your Life, Be Happy!

51

メールをやめて、手紙を書く

どうしても許せないことが起きてしまったが、相手と面と向かって対立するのもイヤだというときがある。

もしかしたら、話しているうちに不用意な言葉が口から出てしまうかもしれない。

そんなとき、友人がこんなアドバイスをしてくれた。

「素直な気持ちを手紙に書けばいい」

「それもいいかな」

「でも、その手紙を出しちゃだめだよ」

「出さないって、じゃあ手紙をどうするの」

「言いたいことを思い切り書いて、あとで捨てちゃうのさ」

「それじゃあ、書いた意味がないよ」

「いいんだ、それで。とにかくやってみろよ」

納得はできなかったが、私はためしてみた。

結果は友人のいうとおりだった。**手紙を書き終えたところで、私の気持ちはスッキリしてしまった**のだ。

私が書くことの「威力」を知ったのは、この時が最初だ。

書くことはストレス解消や気分転換など〝心の作用〟に大きな影響を及ぼす。

私はたまたま「マイナス・エネルギー」を放出するために書いたわけだが、もっと効果があがるのは、**自分のポジティブな気持ちを書き留める**ときだ。

たとえば、知人、恋人、友人、仕事仲間、上司、部下、先生、ちょっとした顔見知り、誰でもいいから、自分が伝えたい気持ちをハガキや手紙で出す。

文字にして書き出すと、自分の気持ちが改めて確認できるだけでなく、自分でも気

がつかなかった心の奥底の気持ちが浮かびあがることが少なくない。

書いたからといって、必ず出す必要はない。でも、とにかく書いてみよう。

書くことの効力を知るには、自筆にまさるものはない。

あなたもだまされたと思って、一度、携帯電話をしまって、ためしてみてはどうだろうか。

Change Your Life
Be Happy!

52 "年齢の遠い人"に話しかける

誰もが心の底では、いまよりもっと充実した人生をおくりたいと思っているはず。その機会はどこにでもあるのに、それを利用しない人が多すぎる。

たとえば、「お年寄りから学ぶ」ことがそうだ。

お年寄りを目の前にすると、いたわらなければとか、助けなければといったことをすぐに考えてしまう。それはおろかな決めつけだ。お年寄りを前にしたら、こう考えればいい。

「自分の何倍生きてこられたのか」

七十八歳のおばあさんは、二十六歳のあなたの三倍も人生経験を積んでいる。

年齢の近い人とばかり付き合う人は、考え方の幅が狭い。視野も知らず知らず

のうちに狭まってしまう。

私たちは何かを教わるとき、専門家のところへ行く。車の運転を覚えたければ自動車教習所の門を叩く。同じように人生について学びたかったら、人生の先輩の門をもっと叩くべきだ。

親しく付き合ってみればわかるが、老人は、若い人たちよりも魂が澄《す》んでいて、若々しく、満ち足りた賢い心を持っている。そして、若者と比べてずっと忍耐強く、受容性があり、ユーモラスだ。一方的な判断をしないし、よい聞き手であることも珍しくない。

また、実体験に基づく、驚くような知恵や貴重な情報を教えてくれる。

老人を保護や介護の視点からばかりとらえるのはもうやめよう。

人間関係においては、〝まっさらな目〟であらゆる人と付き合っていったほうが、魅力的人間に近づけるのだ。

Change Your Life, Be Happy!

53

「戦わずして勝つ」には？

私たちが人生で遭遇する人間は実に多様で、中にはどうも気が合わない人、気まぐれな人、議論好きな人、争いごとが好きな人たちもいる。あなたもそういう人に会ったことがあるだろう。

私はそういう人からしょっちゅう逃げている。

逃げて私の自尊心が傷つくことはない。

私は人とは争わない。

争うことでどれだけのエネルギーを使うか。どれだけの時間を費やすことになるか。

そのためにストレスを溜めるのはどうもバカらしいと思うのだ。

人と争わなければならない場合があるのもたしかだが、あなたが思っているほ

ど多くはない。

ほとんどの場合、あっさり逃げるほうが賢明だし、実際ためになる。

逃げることで、想像もつかないほどたくさんの悩みやいざこざを避けられる。

自分が正しいことを証明する必要のあるときは、戦えばいい。だが、世の中には争いが好きで、ただゲームのように、争うこと自体に生きがいを感じている人もいる。

そういう人に会ったら逃げるに限るのだ。

挑発には、決して乗ってはならない。**相手のマイナスのエネルギーが、あなたにも移ってしまう。**

そういうときは「弱い犬ほどよく吠える」という諺を思い出そう。

「逃げてもいい」という心がまえは、強く、賢い人にしかできないものだ。

Change Your Life, Be Happy!

54 「イエス」しか返ってこない状況のつくり方

いまの運をもっとよくするには、人からの助けも必要だ。

小さな望みから大きな夢まで、人の助けを借りずに、夢を叶えることはできない。とはいっても、「ノー」「ノー」「ノー」ばかりの日もある。むずかしい事柄ほど、相手から「イエス」を勝ち取るのはむずかしい。

あまり大きな期待を持たずに、まずは**「ノー」が返ってくる確率が低い事柄で「イエス」をもらうための努力をしてみよう。人の感情にも「慣性の法則」がはたらく。**相手がいいよ、協力するよ、引き受けるよ、という言葉を言えば言うほど、相手はあなたに心を開いていく。

すると、だんだんとむずかしい事柄でもイエスも勝ち取れるようになっていく。

ところで、相手が「イエス」と答えたくなる理由はどこにあるかわかっている？

相手の立場に立ったら、あなたから聞きたいことは何だろうか？　それは、相手にとって、どんな価値があるのだろうか。「イエス」と答えたくなる理由があるとしたら、何だろうか？

もし一つも思いつかなかったら、「ノー」という答えしか返ってこないだろう。

「あなたが〝イエス〟と言ってくれたら、私にこんな利益があるんです」という話は御法度《ごはっと》である。

人は自己利益のみに邁進する人を助けようとは思わない。「人のためにつくそう」と思う人のみが、人からの助けを得られる人なのだ。

Change Your Life, Be Happy!

55

"相手との橋"を焼き払ってどうするの?

橋はこちらとあちらを結ぶもの。もし橋を焼き払ってしまったら、あちらへ渡る手段を失う。同じように、**人間関係の橋を焼いてしまったら、相手とのつながりを永久に絶ってしまうことになる。**

人間関係にあって、橋を焼くとは「あなたとは二度と付き合いませんよ」と宣言するような付き合い方をすることだ。

信頼関係をコツコツ築くのは容易ではないが、橋を焼き払うのは一瞬で終わる。マッチ一本、言葉一つで、その人との関係を途絶えさせてしまう。

恋人関係などでも、こういうことはよくある。自分が大切だと思っている人間関係を、あっという間にダメにしてしまうのは、両者の間に大切な橋がかけられているという意識が希薄なためだろう。

いっそのこと、相手との橋がガタガタで壊れかけていたら、そういうことにならないように気をつけるかもしれない。

どんなに親しい関係にある人でも、ムッとさせられることはある。そういうとき自分の感情を抑えられないで、**感情のままにふるまうのは厳禁**だ。感情のままにふるまうと言葉は乱暴になり、態度はすごく投げやりになる。相手を激怒させるには、それで充分だ。


だがあとで気が静まってから考えてみると、橋を焼くに値することなどまずない。

だから私はどんな橋も決して焼き払わない。そう決めている。

なぜなら、たいていはそこまでする必要はないからだ。それに人間関係を野菜を切るようにスパッと切る人は周りの信用を失っていく。

橋を焼き払ってもいいことなど一つもない。そのことは肝に銘じておこう。

Change Your Life
Be Happy!

56

「また会いたい」と思わせる

人に喜ばれると嬉しいが、自分からすすんで人を喜ばせることには抵抗がある、という人もいると思う。

しかし、〝エネルギーの法則〟を理解すれば、そんな抵抗なんて、すぐさまどこかへ行ってしまうだろう。

自分の私益ばかりを追い求めると、エネルギーが自分にばかり向かい、あなたの体の中でパンパンにふくらんでしまう。うまく循環し放出されれば問題はないが、いきづまったりすると、心も体もエネルギーで重くなってしまう。

でも、誰か他の人に対してエネルギーを与えるぶんには限度がない。

テニスの壁打ちを考えてみたらいい。力いっぱいあてると、それだけの力ではねかえってくる。人にプラスのエネルギーを与えると、それだけ自分にもプラスのエネルギーが返ってくる。

「人を喜ばせる」「人を助ける」ということは、人間関係において最高の価値がある。あなたがよい人脈をつくりたいと思うなら、このことを忘れないでほしい。

くり返すが、**自分の幸福ばかり考える人は、いつか必ずいきづまる。**

エネルギーが自分にばかり向かっているからだ。でもエネルギーが他人に向かっていれば、うまく放出され、いい循環が生まれる。

人間関係を良好に保つキーワードは「親切」と「思いやり」だ。この二つを忘れなければ、あなたの周りには必ず、運がいい人が集まってくる。

そして、**運がいい人は、あなたにいいチャンスをもたらしてくれる。**

人に親切にして、一番得するのはあなただ。

Don't Sweat the Small Stuff for Teens

5章

やがて「強運サイクル」がめぐりだす！

一瞬で
人気もチャンスも
引き寄せる！

Change Your Life, Be Happy!

57 恋愛運も金運も仕事運も、まとめてUPさせる方法

恋愛運も金運も仕事運もまとめて上昇させたいならば、まず体が「健康」であることが大事だ。それが運をつくる土台になるからだ。

健康なときは全く意識しないが、病気になると、それがいかに貴重なものだったかすぐにわかる。

どんなにすぐれた能力の持ち主も、お金儲けの上手な人も、人から賞賛を受けている人も、健康を損なったら、人生は劇的に変わってしまう。

多少の病気はあっても、いま幸いにして日常生活を自力で営める健康状態にあるならば、その状態を維持するためには、他のどんなことよりも優先して努力したほうがいい。

私は医者でも栄養士でもないが、健康でいることのすばらしさは経験的に充分、知っている。あなたは自分が元気でいられるために、どれだけの努力を払っているだろうか。

もしも、ほとんど運動をしないとか、脂肪の多いものを食べ過ぎるといった、多くの人が陥りがちなマイナスの生活習慣を持っているなら、意識して今すぐそれを改めることだ。

健康であることは、どんな能力にも勝る強みだが、その強みを失わないように努力をしなければいけない。

私が健康にこだわりなさいと勧めるのは、体の健康状態が心に大きな影響を与え、それが人生を左右するからだ。

〝元気〟は楽観主義と幸運をもたらす。

より健康になろうとすることには、何の害もない。元気であれば、何でも挑戦できるし、小さいことにクヨクヨしなくなる。人との関係もうまくいく。よいことだらけではないか。

Change Your Life, Be Happy!

58

スランプは〝チャンスの予兆〟

進化論の世界では、ミスは必要不可欠なものである。

ミスをすることが問題を発生させ、対策を考えさせ、それが進化につながっていく。

もし、全くミスがなければ、現状維持から一歩も先へ進めない。

天才といわれるような人でも、必ずスランプを経験する。

スランプはいわば幸運の扉、チャンスの予兆のようなものだ。スランプに陥ると、人は思考をいったりきたりし、悩み苦しむ。

それはつらい時間かもしれない。しかし、逆境に立ち向かい、失敗の原因を真摯に追究すると、突然変異のように、あなたのレベルは上がる！

人によって解決の方法は異なるが、どうにかして解決し、そこから脱出できたとき、一段階成長していることが多いのだ。

これは進化の法則に非常によく似ている。こういうことが私たち一人ひとりの人間にも起きるのだ。

だから、スランプの時期がきたら、**「よし、きた！」と思うくらいの心構えでいるのが一番いい。**

スランプは偉大なチャンスでもある。

Change Your Life, Be Happy!

59 「やりたいこと」より「やるべきこと」をやる

幸運体質は〝自力で〟つくれるが、さらに上のレベルにいきたいと思ったら、人の力を借りなくては実現できない。

人に信頼されない人は〝強運をつかむ〟ことはできない。

人に信頼されるのに特別な能力はいらない。

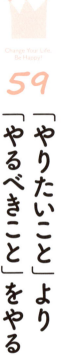

人に何かを頼まれたら**とにかく最後までキッチリやるクセをつけよう。**

仕事でも、家事でも、勉強でも、人との付き合いでも、最後まできちんとやらない人がいる。

どんなことも、自分が「もう、やり残したことはない」と思えるまでやり抜くことが大切だ。

自分の力の及ぶ限りやりとおす。そうすれば、人からは信頼を得られ、自分はそのことについて自信が持て、心置きなく「やりたいこと」ができる。

多くの「やらなければならないこと」を抱えながら、てきぱきものごとが処理できないでいる人は、まず「完了させる」ということに注力してみるといい。

決して「あとでやる」という部分をつくらないことだ。

人から頼まれたことは「自分としては、もうやることはない」と思えるまで、とことん取り組んでみることだ。あなたが一生懸命〝人のために〟努力している姿を見て、その人は「次はあなたを助けたい」と思う。

これが、「いつも人に助けられる人」でいられるコツだ。

Change Your Life, Be Happy!

60

まずは一羽のウサギをしつこく追う

明日のほうが今日よりも大切だと考えるのは、少し間違っている。

今日という日こそが、あなたの生きる舞台であり、現実そのものだ。私たちは今日「ここ」に生きているのだから、いま、変えられることがたくさんある。

昨日は絶対に変えられない。

でも、今日できることに没頭することで、明日は変えられる。

私がいつも元気でいられるのは、いつも「いま」「ここ」を中心に考えているからだ。

毎日を元気に明るく過ごしている人は、心配事がないかというと、そうではない。

中身はちがっても、誰もがそれぞれの悩みや問題点を抱えて生きている。
でも、いつも元気でいられる人は、不安や心配に、あまりとらわれない。
不安や心配とは、まだ起きていない出来事を先取りして悩むことだ。

明日のことは明日にならないとわからない。何かを夢中でやっていれば、明日について悩む暇はなくなる。

今日は今日の悩みがあり、明日は明日の悩みがある。明後日は明後日の悩みがでてくる。

あれもこれもと二羽のウサギを追っていては〝集中〟できない。

みんな、なぜ今日という日を、もっと大切にしないのだろうか。
先取りして、あれも、これもとクヨクヨ悩むよりは、まず今日「できること」を考えるほうが現実的で前向きだ。

Change Your Life,
Be Happy!

61 「今日という日」以上に大切な日はない

「今日」という日にベストを尽くして生きていれば、不安や心配とはほとんど無縁でいられる。

だが、世の中の多くの人は、そういう生き方をしていない。

若い人なら大学へ行くべきかどうか、どんな種類の仕事に就くべきか。そんなことを考えて悩んでいる。働き盛りの人は、仕事の結果がどうだとかで悩む。

年をとってくると、年金は大丈夫かとか、病気のこととか、不安や心配だらけの気持ちを抱えて悲観的になる人が増えてくる。皆、なぜそんなに先のことでクヨクヨするのだろうか。

悩むより最善を尽くしたほうがいい。

毎日毎日、その日一日を一番大切な日と思って過ごせば、未来は自然に開けてくる。将来の計画を立てなければならないのはたしかだが、今日を抜きにした未来は一日もない。だから今日考える未来の計画は、今日の計画でもある。

先の心配をする人は、そのことがわかっていない。未来のためといいながら、今日をいい加減に過ごしている。そんな過ごし方では、どんなバラ色の未来を描いても、むなしい努力だ。

あなたの「いま」、あなたの「今日」は、過去に描いた未来なのだ。

もし、いまのあなたが不本意な気持ちでいるなら、過去にあった「今日」を充実させなかったからだ。**今日を大切にしないで未来を描いても、決してよい未来はやってこない。**要するに、先のことなんかクヨクヨするな、ということだ。

Change Your Life, Be Happy!

62

過去の「成功体験」を思い出す

つらく苦しい局面にあると、「もうダメかも」などと弱気の虫が出てくる。そういうとき、過去の自分を思い出してみるといい。

いますごく苦しい立場にあるようなとき、過去に似た体験がなかったかを思い出してみる。

そうすれば、きっと同じ状況があったことを思い出すはずだ。

「いいこと」を起こすために必要なのは、可能性に目を向けることである。可能性に目を向けるためには過去の実績を振り返ってみるのが一番いい。

難題にぶつかる、苦しむ。格闘する。克服する、目標をつくる。それに向かって努力をする。前に何度、そういうことがあったかを思い出すことだ。**あなたは必ず小さな成功体験を積み重ねて〝いま〟〝ここ〟にある。**

絶対にできないと思っていたのに、最終的には成功したときのことを思い出してみよう。成功したときのことばかりではない。惨めな失敗をしたときのことも。

それでもあなたは、ここまで生き延びてきている。ということは、過去に直面した難題は、一つ残らずすべて潜《くぐ》り抜けてきているのだ。

だから**いま、あなたが直面している困難を乗り切れないと思うことは、理屈に合わない。**

「もうムリ」という言葉は自分を甘えさせる言葉でしかない。もうムリなどということはない。だって、あなたは既にうまくいっているからだ。

Change Your Life, Be Happy!

63

やっぱり"きちんと生きてる"人は強い！

運がいい人は上機嫌の達人だ。

いつも上機嫌でいるための秘策を授けよう。

「道徳を守って正しく生きる」ということだ。あまりにも当たり前のことのようだが、これはとても大切なことなのだ。

道徳を守るとは、『公明正大を旨とし、思慮分別を持ち、強欲に走らない。ウソをつかない』こと。私たちが子供のころから、いわれてきたような基本的なことだ。

道徳を守るのは、他人とうまく生きるため、一人前の社会人としての義務、責任の一つと思っている人がいるかもしれない。

たしかにそういう一面はある。だが、道徳を守ることの最大の利点は、もっと個人的なことだ。

道徳を守ると、ストレスが減る。**自分は正直で曲がったことをしない人間だという自信ぐらい、人の心を安定させ、元気にしてくれるものはない。**

そして、そういう人生を送っていると、すべてのことに対して、愛情にあふれ、感謝の心もめばえ、深く思いやれるようになる。

何日かでいいから、人間として非の打ち所のない生活をしてみればいい。まるで魔法にかけられたように、いままで味わったことのない清々しい気分が味わえるはずだ。


意地悪をしたり、ウソをついたり、わがままを通したりすることに対して、人はどこかで自分でも「いけないことだ」という意識を働かせている。

何が正しくて何がいけないか、誰しも心の中ではわかっている。だから、不道徳な生活をしているとストレスがたまるのだ。


やっぱりきちんと生きている人は強いのだ。

Change Your Life
Be Happy!

64 自分にだけは〝正直に〟生きる

失敗をすると、人は落ち込む。なんでこんなことをしてしまったんだろう、こんなことをしてどうしたらいいんだ、自分はダメ人間だと「後ろ向き」になる。

しかし、**失敗したときこそ、幸運を引き寄せる心の状態、つまり「前向き」に変わるチャンス**なのだ。

一人の青年が、数人の友人といるとき、ひどく人種差別的な言葉を口走った。彼はそのとき、気づかなかったが、すぐ後ろにその人種の人がいて、彼の言葉を聞いていたことがわかった。彼は激しい自己嫌悪に襲われた。だが、もう取り返しはつかない。

そのあと彼はどうしたか。

自分の発言に弁解の余地がないことを率直に認め、「でも、決して本気ではなかった」と侮辱した当人に向かって心から詫びたのだ。彼の誠実な態度を見て、その人は謝罪を受け入れてくれた。

へたに言い訳したりすると、かえって問題が大きくなる。**失敗をしたときは、謙虚に認め、誠実に謝罪するのが最良の解決策だ。**

心から後悔し反省すれば、ほとんどの人は謝罪を受け入れ、もう一度チャンスをくれる。あなたはいくらかストレスを感じるだろうが、最小限に抑えられる。

ミスを「しないように、しないように」と神経を使いすぎると、どうしても生き方が消極的になる。それでは人生楽しくない。それに、どんなに神経を使っても、神様でもない限り、多少なりともミスは犯すものだ。

だから私は「ミスをする人間だが、ケアがすごくうまい人になろう」と思っている。

失敗をどう乗り越えていくか。その方法を模索し、〝光〟を見つけ出そうとする、その姿勢そのものが「前向き」であり、「運」を吸い寄せる。

Change Your Life, Be Happy!

65 「ラクして」大きな成果を得る“この方法”

人生とは“川の流れ”のようなものである。

逆流して泳いでもいいが、それでは、いい成果は得られないだろう。

逆に川の流れにそって泳げば、少しの力で大きな成果が得られる。

いま、あなたの人間関係や仕事の流れはどうなっているだろうか。

少し、いまいる川から出て、離れて、その流れを観察してみよう。

道路に多くの車が走っているとしよう。急いでいるから他の車の上を乗り越えてでも前に進みたいと思っても、それはできない。車はそういう構造になっていないからである。たとえ、他の車より三倍速く走りたいと思っても、渋滞しているときは、前の車から順番に少しずつ前に進むことになっている。たとえUターンしたくても、Uターン禁止区域ではUターンはできない。

いくら、あなたが「そうしたい」と願ってもできない。

誰でも落ち込む日はある。そういう日もあっていい。そういう流れにあなたはいる。この落ち込みから早く脱出したいと思っても、「そうしたい」と願っても、できないときはあるのだ。

しかし、川は常に〝流れている〟ということを忘れないでほしい。

〝万物は流転する〟ように、悪いことがあったら必ずいいこともくる。きっとくる！

いまは少しだけ、待ってみよう。

Change Your Life,
Be Happy!

66

毎日必ず本を手にする

尊敬する年上の友だちから、ある作家の全集をプレゼントされたことがある。分厚い本が全部で二十八巻もあり、私は「ぜんぶ読みきることはできまい」と思った。ところが第一巻を開くと、そこには一枚のメモが挟《はさ》まれていた。その友だちから私宛のメッセージだった。

「人は一夜にして賢くはなれない。しかし、一日八ページ欠かさず読めば、この全集は三年以内で読破できる！」

私は自分が見透かされたような気持ちがした。

まだページすら開いていないのに「読みこなせない」と思った自分を恥じた。

八ページ読むのに数分あればいい。毎日それを続ければ一年で三千ページ。十年で

三万ページ!

本を読む習慣をつけると、読まずにはいられなくなる。読書とはそういうものだ。

一日八ページはその習慣をつけるいい方法だ。

一度習慣になると、読まずに寝られなくなる。

本は知識や教養を得るのに役立つだけでなく、リラックスにも、未知への冒険にも、心の逃げ道にさえなる。

いまでは、私にとって読書は呼吸のように必然の習慣になっている。

〝何か〟をなし遂げるために一番肝心なことは、毎日続けることだ。

Change Your Life, Be Happy!

67 自分に新しい名前をつける

あなたは本当はどういう名前で呼ばれたいか？

いやなあだ名をつけられたり、あまり気に入っていない名前だったら、いっそのこと、自分で自分の名前をつけてしまおう。

たとえば、人のあだ名だったら、何でも大げさにするくせがある人には「ドラマチックお姫さまのアン」、いつも問題を抱え悩んでいるなら「困った、困った病のジョン」、いつも怒っているなら「怒りんぼのロバート」といったふうにつける。

できるだけいい名前をつけよう。**不思議なことに名前をつけられると、人はその名前のように変わっていく。**

心理学のデータでも、美人だ、美しい、きれいと言われる女性は、どんどん美しくなっていったという統計がある。

あなたはどんな人になりたいだろうか。

自分につけたコピー（キャッチフレーズ）によって、自分は少しずつ変わっていく。

Change Your Life, Be Happy!

68

“目に見えない”報酬の受け取り方

私のところにカウセリングに来た女性が、

「誰も自分を理解してくれない。聖書に書かれている通り、私はいつも自分がしてもらいたいと思うことを、誠意を持って人にしてあげてきました。でも、人はその通りにしてくれません」

私は答えた。

「あなたは既に報酬をもらっています。**人に親切にすること自体が報い**なのです……」

彼女は大きな誤解をしていた。人に親切にすれば、まるで「契約」のように、その見返りが来るものだと思っていたのだ。

彼女は自分の誤りに気がついた。

親切、忍耐、理解、寛容……何でもいいが、**人に何かよいことをしてあげるとき、そのことができること自体が大きな報酬**である。**何か別の見返りを期待するのは間違っている。**

誰かに「いいこと」をすればするほど、ツキは引き寄せられる。だから、すでに目に見えない報酬を受け取っているのだ。心も清々しい気分でいっぱいになっていると思う。

彼女と同じような間違いを、私たちもついうっかりしてしまう。何かをしてあげて、ありがとうもいわない人がいると、気分を害する。

人間関係をギブ＆テイクで考えるのは間違っていない。でも理想のギブ＆テイクは、**両方がギブ＆ギブを実践することで、結果的にギブ＆テイクに見える**ときだ。

運が悪い人ほど、相手にこれだけの恩恵を与えれば、これだけの見返りがあるだろうと、初めから計算をしてしまう。

Change Your Life, Be Happy!

69

「心震える」言葉をストックしておく

私は一冊のノートを常に自分のそばに置いている。

1ページ目にはこう書いてある。

「なんとかしなくちゃ、なんてない」

どこで誰に聞いたかは忘れたが、当時の私には心に残る言葉だった。おそらく、頭がガチガチになっていたのだろう。

次のページには、

「人はストレスがたまると、頭が固くなる

↓

頭が固くなると、本当に触っても頭が固くなる。

↓

〝頑固〟になるのだ。

↓

そういうときはゆっくりマッサージして、頭を柔らかくすると考え方も柔らかくなり、打開策が見つかる」

と書いてある。時々読み返しては、励まされている。

お金について悩む人は、また一年以内にお金について悩み出す。人間関係に悩む人は、半年以内に人間関係について悩み出す。

また**同じようなことに悩むときに備えて、あなたを助けてくれた言葉を貯金しておこう。いつかあなたを助ける力になるだろう。**

Change Your Life, Be Happy!

70

悪運はいまのうちに〝ぶっとばせ〟

気分がいいとき、人生はおおむね楽しく感じられる。

でも、全く同じことを、〝何もかもうまくいっていない〟とき経験したら、〝うまくいっている〟ときのように楽天的ではとてもいられない。

でも、ちょっと待って！

一体、どうして同じ風景、同じ問題が、気分によって全くちがったものに見えてくるのか？

……答えは簡単、**暗く落ち込んだ気分は、事実を実際よりも悪く見せる**のだ。まるで濃いサングラスをかけたとき、すべてが暗く色づいて見えるように。

悪い〝気〟をよせつけているのはあなた自身なのだ。

実際に問題がないのではない。問題はある。

ただ、降りかかる問題をどう解決するかは、心の持ち方によって大きく左右されることを知っていれば、悩みはスーッと軽くなる。**心の持ち方一つで世界はバラ色にも地獄色にも変わる。**


暗い気分は手に負えるうちに、やっつけるのだ。

これからは、暗い気分のとき、見たり感じたりすることは、あまり信用しないようにしよう。深刻に考えこんだり、反省したりせず、落ち込みすぎかな、深刻にとらえ過ぎかなと考えてみる。そして、

ひょっとしたら、うまくいくかも
←
こうしたらうまくいくかも

←絶対うまくいく！

と具体的に考えてみる。

これが強運を引き寄せる秘訣だ。

単純でいて、簡単にツキを呼びこむ呪文である。落ち込んだときに、ぜひ思い出してほしい。

6章

今日から“ツイてる人”になろう

これならできそう！ 開運アクション

Change Your Life, Be Happy!

71 「鏡を見る」回数を増やす

結局、〝ツキ〟というものは、いい循環がめぐっている場所にしかやってこないのだ。

いままで紹介してきた「もっと運がよくなる方法」というのは、すべて循環をよくするための方法だ。

清潔できれいなエネルギーが循環している場所に幸運は集まる。だから、あなた自身が清潔できれいであったら、あなた自身に幸運が舞い降りる。

とくべつに整える必要はない。

ただ、いつもより鏡を見る回数を増やしてみるといい。

・疲れていないか
・相手を不快にさせる服装でないかチェックしよう
鏡を見れば見るほど自分の体調の変化にも気づきやすくなる。また、電話しながら鏡を見る習慣をつけるといい。

自分が普段どんな顔、雰囲気で、人と会話しているかがわかるからだ。


男でも女でも、〝愛され顔〟というのを体得した人はあらゆる人からプラス・パワーを与えられる。

前にも述べたが、**ポイントは口角《こうかく》である。ここを常に少しだけあげるよう、力をいれよう。**

すると、人はあなたがご機嫌なのではないかと思い、あなたに出会う人みんなも、ご機嫌になっていく。

この習慣が身につくと、**あなたそのものが太陽のように「プラス・パワー」の源になっていくのだ。**

Change Your Life, Be Happy!

72

部屋の模様替えをする

人が服装を変えると、性格も変わるというのを知っているだろうか。

心理学の実験で、同じ一人の女性に、次の二つのパターンで商店街を歩いてもらうというデータがある。

①化粧をして、華やかな装いをしてもらう
②化粧をせず、日常服を着てもらう

圧倒的に①の女性は自信をもち、颯爽《さっそう》と歩いていた。

服装一つで気持ちはこんなに変わるのだと驚いた。

服装もあなたに影響を与えるが、あなたがいつも帰っている部屋の色も、あなたの運を左右する。

グレーやモノトーンで揃えていないか。

モノトーンが好きで、その部屋にいたほうが気分がいいというのならかまわないが、その部屋に躍動感がなければ、服装でも部屋でもモノトーンはやめたほうがいい。

死んでいるような、時間がとまっているような部屋では、生き物は育たない。運も近づかない。

Change Your Life, Be Happy!

73 〝パワー・スポット〟に出かける

フランスのルルドや、ハワイ島、エジプトのピラミッドなど、世界にはパワー・スポットと呼ばれる場所がたくさんある。日本では京都や富士山が有名だ。

確かに行ってみると、心が浄化されるような気分になる。

その場所に行けば必ず、不思議な体験ができるとは限らない。でも、他とは違う大気の流れを感じ取れると思う。

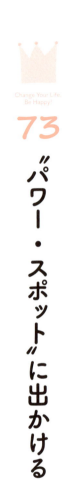

静かな場所で一人静かに自分の心の声に耳を傾けるには最適な場所だ。心のリゾート施設と思って、たまには出かけてみるといい。

だが、わざわざ出かけなくても、心が落ち着く場所だったら、どこでもあなたにとってのパワー・スポットになる。

家の近くの空き地でも、裏庭でもいい。近所の山でもいい。

休日の朝、目覚めた瞬間、**「あっ、あそこに行きたい」と思ったら、直観にしたがって、迷わず行ってみよう。**

そこには、いつもとちがう世界が待っているだろう。

Change Your Life, Be Happy!

74

〝美しいもの〟を眺める

美しいものを眺めると、心が揺さぶられる。

朝焼けの空や晴れた日の青空、輝く満月、雨や雪、美しい植物……。自然の美をじっくり眺めることは、一つ上のレベルの世界を体験することにつながる。

ふだんは見過ごしているけれど、あらためて見渡すと、私たちのまわりには美しいものがいくらでもある。そういうものに目を向け、鑑賞する時間を積極的につくろう。

日常生活の中で美しいものをじっくり眺め味わうようになると、幸せで満ち足りた気持ちになるだけでなく、**あなた自身も〝素晴らしい存在〟に近づくようになる。**

美しいものによってあなたは、磨かれる！

Change Your Life, Be Happy!

75

新聞に毎日、目を通す

私たちはみんな自分の見方が正しいと思っている。

自分と同じ意見の人には好感を持つが、違う意見の人にはどうも好感を持てないものだ。

しかし、よりよい人生を歩むためには、**「いろいろあっていい」**という考え方を知ってもらいたい。

反対意見をコテンパンにやっつける必要なんてほとんどない。そんなのは頭の固い、頑固な人がやることだ。

運がいい人、チャンスをつかむ人は頑固ではない。是か非かはおいておいて、あらゆる意見があっていいと思うし、その発言の機会はあらゆる人に認められるべきだと思う。

毎日、新聞に目を通すということは、そういった「いろいろあっていいんだ」という考え方を鍛えるのに最高の方法である。

新聞によって主張が異なるので、「こういう見方もあるのか」と発見があると思う。

そこでワナワナと怒っても、うなづいても、感激の涙を落としてもいい。

ただ、**新しい考え方に心を開くだけでいい。**

それぐらいの隙間がないと、幸運はすべりこめない。

Change Your Life, Be Happy!

76 「大声で話す」「大またで歩く」を習慣にする

運がいい人になりたかったら、運がいい人のように振るまってしまえばいい。

何もかもがうまくいっている人は、どんな風に歩いている？　話している？

たいていの自信家は「大声で話す」「大またで歩く」を習慣にしている。そういったふるまいは人を大きく見せる。迫力を増す効果がある。

どちらも実行してみると、気持ちがいいので、気分が落ち込んだときにこそ、ためしてみてほしい。

Change Your Life, Be Happy!

77
“捨てるべきもの”を捨てるだけでいい！

最後に、最も簡単で、最も効果的な「運をよくする方法」を紹介しよう。

この本を閉じたら、あなたは絶対にしなくてはいけないことがある。

いらないものはすべて捨てなさい。

本も靴も洋服もアクセサリーもスポーツ用具も電化製品も切り抜いた記事のファイルも体の脂肪も不必要な習慣も、すべていらないものをゴミ箱に捨てよう。

こんなに簡単なことはないはずだ。

いらないかどうか迷ったら、捨てるべきだ。

心も体もとても軽くなる。

不必要なモノや思い（悲観主義や、思い込み主義など、本書で紹介してきたマイナス・パワーをもった感情）を捨てて、必要なものだけが残ったら、〝何か〟を必ずやり遂げたくなるはずだ。もの凄くエネルギーが満ちてくると思う。


その〝情熱〟こそ幸運を引き寄せる最大のパワーだ。

もうあなたは幸運を追いかける必要はない。

＊訳者のあとがき

自分に〝気持ちよく〟生きることが運がよくなる近道！

浅見　帆帆子

いかがでしたか？

本書を読み終わったあなたには、「プラス・パワー」がみなぎっているはずです。そして何だか肩が軽くなり気持ちよくなって、「いいこと」がたくさん起こりそうな予感に胸をドキドキさせていることでしょう。

最後に少し、本書をおさらいします。

〝運をよくする方法〟の基本は、「本音のとおりに動く」ということだと思います。

「自分の気持ちにありのまま素直に動く」ともいえるかもしれません。本書に書いてある〝運がよくなる方法〟も、「自分の本音に素直に動く」という基準で考えれば、すべてとても自然なことなのです。

たとえば、23ページでカールソンは、「運のいい人はネガティブなことは考えない」と説いていますが、運のいい人たちは、「運が悪くなるからネガティブな考えはやめよう」なんて日々思っているわけではありません。

もっと単純です。

ネガティブなことを考えると　暗い気持ちになる

←

暗い気持ちだと憂鬱になる

←

だから明るく考える、それができないときは考えるのをやめる

……つまり運のいい人たちは本音に素直に動くので、考えて憂鬱になることは考えないだけなのです。

また、「運をつかむ人は完璧を求めない人」ともいっていますが、確かにすべてを完璧にしようとすると自分が疲れてくることは誰もが経験していることでしょう。

運のいい人は自分が疲れるような不自然なことをしないので、はじめから一〇〇％完璧を目指そうなんて考えていないのです。決して「完璧は求めないようにしよう」と気をつけているわけではありません。

その状態が最も〝気持ちいい状態〟であるから、それを選択しているのです。

・「プラスパワー・上昇の波に乗る」とありますが、逆にいえば「上昇の波ではない時期には動かなくていい」ということです。なんだかうまくいかない時期だとわかったら、待っていればいいのです。**うまくいかない時期があるのだとしたら、うまくいく時期も、また必ずやってきます。**運のいい人は、タイミングが悪いときもそれをそのまま受け止めて、「だったらよくなるまで待とう」と思うのです。

・「願いは口に出すと叶う」というのも、そう「したい」からしているのです。実現したらうれしい夢を強く願ううちに、知らない間にそれについて語るようになってしまうのです。「口に出したほうが叶いやすいから口に出そう」と意識しているわけではありません。

・「運がいい人は直観を信じる」というのも同じです。パッと思いついた考えや、根拠はないけど頭から離れない考えに、素直に耳を傾けているだけです。

・「できる人のように振るまう」というのも、そのように振るまったほうが、なりたい自分に近づけたような気がして楽しいし、「プラスの言葉をたくさん口にする」のも、「人の悪口を言わない」のも、そのほうが心地良く、いい気分になるからなのです。

つまり**運のいい人たちは、自分がワクワクするだろうか、清々しくなるだろうかという基準ですべてを選び、逆にそれをしてなんとなく嫌な気持ちになることはしていない**のです。

ぜひ、あなたにも、「自分の本音に素直になってみる」ことを第一におすすめします。

この方法を習慣にすると、毎日が本当に「楽になる」ことを実感すると思います。自分の本音の通りにしていけば自然と運がよくなるなんて、こんなに楽なことはないと思いませんか？

運のいい人たちは、自分の本音に驚くほど素直です。

大丈夫。
きっと乗り越えられる！
きっと〝うまくいく〟よ！

本書は、小社より刊行した同名の文庫本を単行本化したものです。

読《よ》むだけで運《うん》がよくなる77の方法《ほうほう》

著　者――リチャード・カールソン

訳　者――浅見帆帆子（あさみ・ほほこ）

発行者――押鐘太陽

発行所――株式会社三笠書房

〒102-0072 東京都千代田区飯田橋3-3-1
電話：(03)5226-5734（営業部）
：(03)5226-5731（編集部）
http://www.mikasashobo.co.jp

印　刷――誠宏印刷

製　本――若林製本工場

編集責任者　本田裕子

ISBN978-4-8379-5784-3 C0030